Fisch & Meeresfrüchte

**essen &
trinken**

Genuss-Schule

Fisch & Meeresfrüchte

Inhaltsverzeichnis

Fisch
& Meeresfrüchte

Eine große Runde

Die Familie der Rundfische ist riesig und bunt. Es gibt große und kleine Rundfische, Süßwasser- und Meerwasserfische. Sie sehen zwar unterschiedlich aus, haben aber alle eins gemeinsam: Ihr Fleisch liegt rund um das Skelett, sie liefern zwei Filets, die eine typisch ovale Form haben. Beliebt ist das feste Fleisch der Rundfische auch quer zur Mittelgräte aufgeschnitten, als Kotelett oder Steak.

Rundfische sind nicht wirklich rund, aber eine runde Sache: Wegen ihrer festen Filets, der vertrauten Zubereitung und ihrer Vielseitigkeit sind sie besonders beliebt. Lachs, Thunfisch, Forelle, Zander, Dorade, Hering, Karpfen sind alte Bekannte der großen Familie, deren Mitglieder sowohl im Meer als auch im Süßwasser leben. Mit einer einfachen Regel kommt eine grobe Ordnung in die Flossenträger: Alle Fische, die keine Plattfische sind, sind Rundfische. Sie haben alle eine Mittelgräte sowie links und rechts davon je ein Filet. An vier unterschiedlichen Exemplaren wird die unglaublich große Vielfalt deutlich.

Rotbarsch

Der Fisch lebt im Atlantik in bis zu 1 000 Meter Tiefe. Er gehört hierzulande zu den Top Ten der Speisefische. Kein Wunder, denn sein festes, rotweißes Fleisch schmeckt köstlich und lässt sich vielseitig zubereiten: Man kann es kochen, dünsten, braten, pochieren oder backen. Der Rotbarsch (in Süddeutschland wird er auch Goldbarsch genannt) ist ein Allround-Talent und wird wegen seiner Größe vor allem als Filet im Handel angeboten.

Zander

Der schnelle Raubfisch ist in größeren Seen und Flüssen Nord-, Ost- und Mitteleuropas sowie in den salzarmen Regionen der Ostsee zu Hause. Zu erkennen ist er an der ersten Rückenflosse, die längs verlaufende Punktreihen hat. Das zarte, weiße Fleisch mit seinem aromatischen Geschmack hat ihn ganz nach oben auf die Speisekarten gebracht. Zander wird bei uns frisch, im Ganzen und auch als Tiefkühlfilet angeboten. Er eignet sich gut zum Füllen, schmeckt aber auch gegrillt, gebraten und unter der Salzkruste gegart sehr köstlich.

Süß- oder Meerwasserfisch?

Die Einteilung in Süßwasserfische und Fische aus dem Meer ist teilweise verwirrend. Warum wird beispielsweise der Lachs zu den Süßwasserfischen gezählt, obwohl er im Meer lebt, der Aal aber zu den Meeresfischen? Ganz einfach: Entscheidend für die Zuordnung ist das Laichgebiet. Der Lachs kehrt zum Laichen aus dem Ozean in die Flüsse zurück, während Aale weite Strecken bis zum Saragossameer zurücklegen, um ihre Eier dort abzulegen.

Dorade

Auch als Goldbrasse bekannt zählt die Dorade zu den wertvollsten Mittelmeerfischen. Dem goldenen Fleck auf beiden Wangen verdankt sie ihren Namen. Das feine Fleisch der sehr mageren Fische schmeckt besonders gut gegrillt, als Filet gebraten – oder toll für zwei Personen im Ganzen in Salzkruste gebacken.

Rotbarbe

Rote Meerbarben leben in kleinen Schwärmen im östlichen Atlantik, im Mittelmeer und Schwarzen Meer. Die kleinen Fische mit ihrem festen, zart schmeckenden weißen Fleisch werden bis zu 35 Zentimeter lang und eignen sich toll zur Zubereitung im Ganzen, auch in Suppen oder Eintöpfen.

▶ *Egal ob große oder kleine Fische: Rotbarsch, Zander, Dorade und Rotbarbe liefern links und rechts von der Mittelgräte je ein Filet.*

An die Gräten, fertig, los!

Sicher ist ein Filet die schnellere Nummer. Doch es hat auch Vorteile, einen Fisch im Ganzen und nicht küchenfertig zu kaufen: Man hat die Frische besser im Auge, ein ganzer Fisch ist im Verhältnis preiswerter als ein Filet und liefert kostbares Material für einen köstlichen Fischfond. Das Ausnehmen ist dabei nicht so schwierig, wie viele glauben. Mit wenigen Handgriffen ist der Erfolg garantiert.

Ein scharfes Messer sowie eine Küchenschere, die gut in der Hand liegt und gezieltes Arbeiten ermöglicht, sind die wichtigsten Werkzeuge, um den Fisch perfekt vorzubereiten. Dabei gilt: Je größer der Fisch, umso hartnäckiger sind seine Gräten. Deshalb sollte mit der Größe des Fisches auch das Messer »wachsen«. Ein Sägemesser eignet sich in den meisten Fällen nicht, weil seine Zähne das zarte Fleisch des Fisches unnötig verletzen würden.

Schuppen

Vor dem Schuppen werden die Flossen mit der Küchenschere möglichst nah am Ansatz abgeschnitten. Nur die Schwanzflosse bleibt als eine Art Griff am Fisch, so hat man beim Schuppen einen sicheren Halt. Die Schuppen werden ausschließlich in Richtung des Kopfes abgeschabt, am besten eignet sich dazu ein großes Messer oder ein spezieller Fischschupper.
Tipp: Da die Schuppen umherfliegen, den Fisch am besten unter fließendem Wasser oder in einer tiefen Schüssel schuppen.

Ausnehmen

Mit einem spitzen Messer wird behutsam die Bauchhöhle von hinten in Richtung Kopf geöffnet. Dann klappt man die beiden Seiten vorsichtig auseinander und zieht die Innereien zum Kopf hin heraus. Besonders hartnäckige Stellen werden einfach mit einer Küchenschere abgeschnitten. Die Gallenblase – gut zu erkennen an ihrer schwarzgrünen Farbe – darf auf keinen Fall verletzt werden, denn austretende Gallenflüssigkeit kann den ganzen Fisch bitter machen. Sollte sie trotz aller Vorsicht geplatzt sein, muss der Fisch schnell ausgiebig ausgespült werden, damit die Bitterstoffe nicht ins Fleisch dringen. Die Niere

wird mit einem Teelöffel herausgekratzt. Zum Schluss werden die Kiemen durch einen Schnitt mit der Küchenschere entfernt.

Am besten auf Tauchstation *Damit die Schuppen nicht überall herumfliegen, lässt sich Fisch schön sauber unter Wasser schuppen.*

Das Innere nach außen *Mit Vorsicht, Sorgfalt und etwas Angriffslust ist das Ausnehmen ganz einfach. Wichtig: Die Galle muss heil bleiben.*

Kiemen entfernen *Die Kiemendeckel anheben und mit einer Schere den Kiemenbogen jeweils am oberen und unteren Ende herausschneiden.*

Grätenfrei *Das Messer direkt an der Mittelgräte entlangführen, so bleiben die meisten Gräten mit hängen. Restgräten mit einer Pinzette entfernen.*

Das Messer flach halten *Damit möglichst wenig Fleisch hängen bleibt, ist es wichtig, das Messer so dicht wie möglich an der Haut entlang zu ziehen.*

Ausspülen

Der ausgenommene und geschuppte Fisch wird gründlich von innen und außen mit kaltem Wasser ausgespült, dann trockengetupft. Dabei können sich noch Reste der Schuppen oder Innereien lösen. Färbt sich das Wasser leicht grünlich, ist die Gallenblase beim Ausnehmen verletzt worden. Hier ist extrem gründliches Spülen die letzte Rettung für den Geschmack.

Filetieren

Das Fleisch direkt hinter dem Kopf und an den Kiemen einschneiden. Dann den Fisch von der Bauch- und Rückenseite jeweils bis zur Mittelgräte einschneiden. Nun legt man ein scharfes, langes Messer flach auf der Mittelgräte an und führt es langsam, aber kraftvoll mit leichten Sägebewegungen in Richtung Schwanzflosse. So löst sich das Filet von der Mittelgräte. Genauso verfährt man mit dem Filet auf der anderen Seite.

Haut entfernen

Die Haut zu entfernen erfordert Fingerspitzengefühl. Der Fisch wird mit der Hautseite nach unten auf die Arbeitsfläche gelegt. Zuerst schneidet man an der Schwanzflosse mit dem Messer durch das Fleisch bis direkt vor die Haut. Von dort wird das Messer genau zwischen Fleisch und Haut geführt. Ist man allerdings zu vorsichtig, bleibt wertvolles Fleisch an der Haut hängen. Geht man nicht behutsam genug vor, wird die Haut verletzt.

Säubern – Säuern – Salzen

… hieß früher die alte Hausfrauenregel. Die magischen drei S zur Vorbereitung von Fisch sind aber lange überholt. Gesäubert wird der Fisch nach wie vor durch Ausspülen (siehe oben). Das Säuern mit Zitronensaft oder Essig ist aber Schnee von gestern. Die Säure neutralisierte früher den Fischgeruch, wenn Fisch nicht mehr ganz frisch war, ist aber viel zu intensiv für das feine Fischaroma. Ganze Fische vor dem Garen nur innen salzen, mehr Salz entzieht dem Gewebe zu viel Flüssigkeit und macht es trocken.

Flacher Fisch, hoher Genuss

Platt wie eine Flunder sind Plattfische und sofort an ihrer Form zu erkennen. Doch nicht nur Flunder, auch Seezunge, Scholle und Butt gehören zu den flachen Meeresbewohnern. Flach ist allerdings nur die Gestalt, kulinarisch stehen sie ganz oben auf der Liste von Fischliebhabern und sind den Rundfischen anatomisch sogar überlegen: Ein Fisch liefert gleich vier fast grätenfreie Filets.

Sie sind zwar flach und keine besonders auffällige Erscheinung, haben es aber geschmacklich faustdick unter der Haut. Die Unterseite der Plattfische ist meist farblos, die Oberfläche schimmert grünlich oder bräunlich und hat sich dem Lebensraum der Fische perfekt angepasst. Beide Augen sitzen auf dieser oberen Seite. Plattfische bewegen sich waagerecht durch leichtes Schwingen der »Flügel« wie Schatten durch die Meere. Zu uns kommen sie aus Atlantik, Mittelmeer, Nord- oder Ostsee. Um das feine Aroma von Rotzunge, Heilbutt, Glattbutt oder Flunder nicht zu überrollen, sollten Plattfische bei der Zubereitung nur dezent gewürzt werden.

Scholle

Da das Fleisch der Scholle nicht besonders fest ist, wird sie häufig im Ganzen – wer es lieber mag, auch ohne Kopf und Schwanzflosse – gebraten. Charakteristisch für diesen Fisch sind die rötlich-orangefarbenen Flecken an der Oberseite. Die Maischolle ist auch im Juni, wenn die Fische noch jung und klein sind, wegen ihres zarten Geschmacks besonders beliebt.

Rolle vorwärts

Werden Fischfilets aufgerollt, etwa zu Seezungenröllchen, wickelt man sie mit der (gehäuteten) Hautseite nach innen. Denn die Seite, die an der Haut lag, zieht sich beim Garen zusammen. Nur auf diese Weise können die Röllchen daher in Form bleiben. Die Hautseite erkennt man an der silbrigen Färbung, während sich an der Grätenseite teilweise noch die Struktur der Gräten abzeichnet.

Seezunge

Sie zergeht fast auf der Zunge und ist vielleicht deshalb der bekannteste, feinste und wertvollste unter den Plattfischen. Die Seezunge landet verhältnismäßig selten in den Fangnetzen der Fischer der Nordsee und des Atlantiks, ist deshalb wie der Steinbutt meist als Angelware erhältlich und wird entsprechend teuer gehandelt. Die Seezunge gilt als besondere Delikatesse, ihr Fleisch hat einen intensiven, aber feinen Geschmack. Die Fische sind Leichtgewichte – sie wiegen selten über 500 Gramm –, daher ist die Zubereitung des einzelnen Fisches recht aufwändig, aber ein unvergleichlicher Genuss. Fische mit der Bezeichnung »Atlantikzunge« sind keine Seezungen. Dies sind meist preisgünstige Warmwasserzungen, die nicht annähernd so gut und hochwertig sind.

Steinbutt

Seinen Namen verdankt er Verknöcherungen an der Oberseite, sogenannten »Steinen«. Der Steinbutt zählt zu den beliebtesten Speisefischen und gehört wie die Seezunge zu den absoluten Edelfischen. Er ist in flachen Küstenregionen des Nordatlantiks, von Norwegen bis Portugal, in der Ostsee, dem Mittelmeer und dem Schwarzen Meer beheimatet. Sein festes, weißes Fleisch ist außergewöhnlich aromatisch und bleibt lange frisch. Kenner schwören auf die in der Ostsee gefangenen Exemplare. Die Fangquoten bei Steinbutt sind eher gering, deshalb ist er einer der teuersten Speisefische. Seine Filets eignen sich hervorragend zum Braten, und an der Gräte aus dem Ofen ist er eine Delikatesse.

▶ *Flach, aber oho: Seezunge, Steinbutt und Scholle sind zwar platt, das zarte Fischfilet ist aber ein absoluter Hochgenuss.*

Halten Sie den Fisch flach!

Plattfische sind zwar auf den ersten Blick die unbekannten Fremden, aber herantrauen sollte man sich trotzdem. Ob man die Fische vor dem Garen häutet oder nicht, ist Geschmackssache. Ungehäutete Fische bleiben saftiger, deshalb bietet es sich an, die Haut erst nach dem Garen abzuziehen. Die Vorbereitung an sich gleicht einem Kinderspiel, wenn man weiß, wie die Fische aufgebaut sind.

Da die Mittelgräte bei Plattfischen den Fisch quasi in zwei Hälften teilt, ist es völlig unproblematisch, den Fisch als Ganzes zuzubereiten und gekonnt zu servieren. Das Fleisch lässt sich einfach von den Gräten lösen und wird so – mit ein bisschen Geschick – ein Hochgenuss, der nicht vom unerwünschten »Suchspiel« nach kleinen und größeren Gräten getrübt wird.

Filetieren

Das Filetieren beginnt immer auf der Oberseite, der Fisch liegt also mit der Unterseite auf der Arbeitsfläche. Entlang der Mittelgräte wird der Fisch mit einem spitzen, scharfen Messer geteilt, ohne die Gräte zu verletzen. Der Schnitt verläuft vom Kopf zum Schwanz. Ehe das obere Filet abgelöst werden kann, müssen

Simple Sache *Zum Filetieren werden Plattfische einmal vom Kopf zum Schwanz auf der Seitenlinie des Fisches gerade eingeschnitten, außerdem entlang des Flossensaumes. Dann lässt sich das obere Filet abheben. Dabei das Messer unter dem Fleisch über die Gräten führen.*

Haut und Fleisch am oberen Flossensaum eingeschnitten werden. Dann lässt man das Messer von der Mittelgräte nach außen flach über die Gräten gleiten, um das Fleisch im Ganzen herauslösen zu können. Ebenso verfährt man mit dem Bauchfilet und mit den beiden Filets auf der Unterseite.

Der Fisch als Ganzes

Insbesondere bei Schollen ist es üblich, den Fisch als Ganzes zuzubereiten. Doch auch die anderen Plattfische eignen sich hervorragend für diese Zubereitungsart. In diesem Fall ist es ratsam, den Fisch zuvor beim Fischhändler ausnehmen zu lassen, um die Optik perfekt zu erhalten. Besonders zu empfehlen ist das Garen ganzer Fische – mit oder ohne Kopf – im Backofen, da hier einerseits Gewürze und Kräuter lange Zeit haben, ihr Aroma zu entfalten, andererseits das schwierige Wenden in der Pfanne entfällt.

Hautnah *Zum Häuten der Filets mit einem scharfen Messer direkt an der Haut entlang schneiden, die Filets dabei leicht nach hinten wegziehen.*

mit der Hautseite auf die Arbeitsfläche gelegt, dann setzt man das Filetiermesser vorsichtig zwischen Fleisch und Haut an und schneidet die Haut vom Filet. Nach dem Häuten wird der Fisch umgedreht und von dunklen Stellen am Fleisch befreit.

Die Haut abziehen

Plattfische können zwar problemlos mit der Haut zubereitet werden, doch besonders für feinere Gerichte löst man die Haut vor dem Garen oder Servieren ab: Wird der Fisch filetiert, werden große Fische erst portioniert und dann die einzelnen Filets von der Haut befreit, kleinere Fische häutet man vorher. Dazu wird die Haut kurz vor Beginn der Schwanzflosse quer eingeschnitten und so weit gelöst, dass man sie gut greifen kann. Um das Schwanzende griffiger und weniger rutschig zu machen, kann man es mit Meersalz bestreuen und die Haut etwas ablösen, dann packt man den Fisch fest an der Schwanzflosse. Das angeschnittene Hautende abheben, die Haut dann mit einem kräftigen Ruck abziehen. Hilfreich sind zwei Tücher, mit denen man Haut und Schwanzende besser fassen kann. Alternativ kann man das Schwanzende auch für zwei bis drei Sekunden in siedendes Wasser tauchen, danach lässt sich die Haut leichter ablösen. Mit kräftigem und dennoch vorsichtigem Ziehen wird nun das Fleisch von der Haut befreit. Danach den Fisch umdrehen, am Schwanzende einschneiden und die zweite Seite ebenso häuten. Die Zugrichtung beim Häuten von Plattfischen ist grundsätzlich vom Schwanz zum Kopf, nur die Rotzunge wird entgegengesetzt, also vom Kopf zum Schwanz, gehäutet.

Kopflos *Um den Kopf zu entfernen, schneidet man ihn nach dem Wenden ringsherum mit einem scharfen Messer heraus.*

Von der Haut schneiden

Während kleine Plattfische im Ganzen gehäutet werden, nimmt man bei großen Fischen die Haut besser erst nach dem Filetieren ab. Da die Filets von Plattfischen jedoch sehr zart sind und keinen Halt bieten, muss man die Haut in diesem Fall abschneiden. Dazu eignet sich am besten ein Filetiermesser mit einer dünnen, flexiblen Klinge, die sich – waagerecht geführt – der Oberfläche des Filets anpasst. Das Filet wird zum Enthäuten

Es riecht nach Meer

Frischer Fisch riecht nach Meer. Fangfrisch ist er nicht für jedermann zu haben, aber mit einer ununterbrochenen Kühlkette vom Kutter bis zum Fachhandel gibt's ihn auch im Binnenland frisch. Riecht Fisch allerdings nach Fisch, ist das immer ein Zeichen für schlechte und zu lange Lagerung. Deshalb ist Fischkauf auf jeden Fall Vertrauenssache – unterstützt von Augen und Nase.

Bei keinem anderen Lebensmittel ist Frische so wichtig wie bei Fisch. Denn er ist nicht nur leicht verderblich, sondern er schmeckt auch nur wirklich gut, wenn er frisch ist. Gibt es den Fisch nicht frisch, ist Tiefkühlware eine gute Alternative. Dafür wird der Fisch direkt nach dem Fang eingefroren und bietet darum hervorragende Qualität. Beim Fischhändler ist Nachfragen erlaubt: Woher stammt der Fisch, wann wurde er geliefert, welche Alternative gibt es eventuell zu einer bestimmten Fischsorte, die nicht mehr taufrisch scheint.

Fritzes frische Fische

Vertrauen ist gut, Kontrolle ist besser! An ein paar sicheren Merkmalen erkennt jeder sofort, ob der Fisch frisch ist. Am besten klappt es bei ganzen Fischen: Die Schuppen glänzen silbrig und bilden eine durchgehende Oberfläche. Die Augen sind klar, durchsichtig und leicht nach außen gewölbt. Die Kiemen sind rot und glänzend, der Fisch riecht frisch, eher nach Meer als nach Fisch. Den Geruch am besten in der Bauchhöhle oder am Kiemendeckel kontrollieren. Wer nicht selbst darf, bittet den Fischhändler um eine Druckprobe: Gibt der Fisch auf Fingerdruck nach, und bleibt eine Delle, ist der Fisch nicht frisch. Frische Fischfilets glänzen und haben eine klare Farbe sowie eine glatte Schnittfläche. Die Filets sollen angenehm riechen und dürfen keinesfalls angetrocknet aussehen. Im Zweifel lieber auf eine andere Fischart umschwenken als im Rezept angegeben, wenn diese frischer erscheint. Für einen guten Fischfond lohnt es sich, beim Fischhändler nach Abfällen wie Flossen, Schwänzen oder Köpfen zu fragen. Häufig bekommt man sie kostenlos.

▶ *Leuchtend rot müssen die Kiemen sein, dann sind sie noch gut durchblutet: ein Zeichen von extremer Fische. Sind sie blass, Finger weg!*

Fisch braucht kalte Füße

Fisch sollte möglichst am Tag des Einkaufs zubereitet und verzehrt werden. Um die Kühlkette nicht zu unterbrechen, ist eine Isoliertasche beim Einkauf hilfreich. Zu Hause gehört der Fisch im Einwickelpapier sofort in den Kühlschrank. Um den Fisch trocken zu lagern, kann man ihn in einer Schüssel auf eine umgedrehte Untertasse oder ein kleines Gitter legen, sodass austretende Flüssigkeit ablaufen kann. Vorsicht beim Kühlen

Langsam mit den jungen Fischen!

Laut Statistik isst jeder Deutsche pro Jahr mehr als 15 Kilo Fisch. Was ernährungsphysiologisch gut ist, stellt sich für Fische und Meeresfrüchte als dramatisch dar. Die große Nachfrage zieht eine Überfischung der Meere nach sich und Aquakulturen, die eine Art Massenfischhaltung mit Medikamentenmissbrauch darstellen. Die Antwort der nachhaltig gemanagten Fischerei: »Nur so viel rausholen, wie nachwächst.« Um den Kunden verantwortungsvolles, umweltgerechtes Fischereimanagement, also Fischerei aus gesicherten Beständen transparenter zu machen, gibt es das blaue MSC-Siegel des »Marine Stewardship Council«. Mit dem weltweit etablierten und seriösen Zertifikat wird dem Verbraucher der Fischkauf mit »meer« Verantwortung erleichtert, gleichzeitig sind auch die Fischereien daran interessiert, sich durch MSC zertifizieren zu lassen, um in den umkämpften Märkten von der Auszeichnung zu profitieren. Die Fische werden es ihnen danken!

mit Eiswürfeln: Fischfilets sollten nie direkt mit dem Eis in Berührung kommen, der Kontakt schadet dem Fleisch.

Eiszeit für Fische

Nach Möglichkeit sollte man frischen Fisch nicht zu Hause einfrieren. Haushaltsgeräte bieten nicht dieselben tiefen Kühltemperaturen wie Industriegeräte, sondern frieren den Fisch sehr viel langsamer ein – auf Kosten der Qualität. Wenn, dann eignen sich kleine Portionen wie Fischfilets besser als ganze Fische, weil sie schneller gefrieren. Taucht man den Fisch vor dem Einfrieren kurz in Salzlake, bleibt das Fleisch nach dem Auftauen fester. Grundsätzlich taut man Fisch langsam und behutsam auf, am besten über Nacht im Kühlschrank. Dabei muss die Flüssigkeit ablaufen, damit die Qualität des Fleisches erhalten bleibt.

Industriell tiefgefrorener Fisch wird häufig direkt an Bord verzehrfertig schockgefrostet. Tiefkühlprodukte halten sich im Eisschrank oder in der Kühltruhe (bei -18 Grad) etwa zwei Monate, eine längere Lagerung ist auch bei einem darüber hinausgehenden Mindesthaltbarkeitsdatum nicht empfehlenswert, die Qualität kann sonst leiden.

Fisch – ganz und gar

Ob knusprig gebraten, im Salzmantel gebacken, pochiert oder gedünstet – Fisch lässt sich kulinarisch durch verschiedene Garmethoden immer wieder neu entdecken und ist auf jede Art zubereitet ein Genuss. Ein besonderes Highlight ist im Ganzen gegarter Fisch, aber auch als Filet oder Steak kommt das unvergleichliche Aroma von Fisch groß raus. Deshalb gilt beim Würzen: Weniger ist mehr!

Die richtige Temperatur ist das Geheimnis für den ultimativen Fischgenuss – entweder heizt man dem Fisch gleich richtig ein, oder aber man gart ihn nur bei ganz moderaten Temperaturen: Während beim Braten und Frittieren das heiße Fett für eine knusprige Kruste sorgt, bleibt Fisch beim sanften Pochieren oder Dünsten schön saftig.

Dämpfen, Dünsten & Pochieren

Die schonendste Garmethode, bei der das natürliche Fischaroma gut erhalten bleibt, ist das Dämpfen. Je nach Größe eignen sich Topf oder Bräter mit Siebeinsatz, Bambusdämpfer oder eine passende feuerfeste Form, die im Topf auf zwei kleine, feuerfeste Behälter gestellt wird. Über siedendem Fischsud oder Weißwein wird der Fisch gedämpft, ohne mit der Flüssigkeit in Berührung zu kommen. Wichtig: Der Deckel bleibt während des Garvorgangs geschlossen, damit der Dampf nicht entweichen kann.

Beim Dünsten verleihen klein geschnittenes Gemüse, Kräuter und Gewürze dem Fisch ein unvergleichliches Aroma. Für das Dünsten im Backofen eignet sich ein Bratschlauch, in dem der Fisch mit den Zutaten gegart wird, ohne dass Flüssigkeit verloren geht. Um den entstehenden Dampf entweichen zu lassen, wird der Folienschlauch oben mehrmals eingestochen. Ebenfalls geeignet als Garhülle sind Alufolie, Pergament oder ein Tontopf.

Pochiert man Süßwasserfische wie Forelle oder Karpfen, deren Oberfläche mit einer Schleimschicht überzogen ist, werden sie zum »blauen« Klassiker. Die Fische werden dazu in würzigem Sud gekocht, nehmen aber nur eine Blaufärbung an, wenn sie nicht gewaschen wurden und die Schleimschicht intakt ist. Andere Fische werden pochiert, indem man sie mit kalter Flüssigkeit aufsetzt und im heißen, aber nicht kochenden Sud ziehen lässt. Die Fische sind gar, wenn sie ihr leicht glasiges Aussehen verloren haben.

Braten, Backen & Frittieren

Das Braten in der Pfanne eignet sich am besten für kleine Fische, für Plattfische wie Schollen, die schnell durchgegart sind, und für Filets. Beim Braten auf der Haut entsteht eine knusprige Kruste, die Fisch besonders delikat macht. Mehliert, also leicht in Mehl gewendet, bekommt er eine zarte Kruste. »À la Fischstäbchen« bekommt man ihn, wenn er zusätzlich paniert wird.

Im Ofen gibt es drei Varianten: Beim offenen Garen werden ganze, ungehäutete Fische wie Doraden vorbereitet in eine Auflaufform, eine ofenfeste Pfanne oder auf ein Blech gelegt. Die Haut schützt das zarte Fleisch vor der Strahlungshitze; zusätzlich sollten die Fische vor dem Garen mit Öl bestrichen und während des Garens mit Bratflüssigkeit übergossen werden, so bleibt das Fleisch schön saftig und bekommt durch Zugabe von Kräutern und Knoblauch eine mediterrane Note. In Alufolie oder Pergamentpapier gewickelt, werden Fische im Ofen zur leichten und superaromatischen Variante. Besonders raffiniert ist Fisch in der Salzkruste gebacken. Ganze, fleischige Fische wie Wolfsbarsch, Dorade, Lachs oder Zander werden in der dicken Hülle aus grobem Salz und Eiweiß besonders zart und extrem saftig mit nur leichtem Salzgeschmack.

Bei frittiertem Fisch ist die Knusperkruste – wie bei Fish and Chips – das Beste. Dazu muss das Öl möglichst heiß, etwa 180 Grad, sein. Nur dann dringt das Fett nicht ins Fischfleisch ein, sondern lässt durch die hohe Temperatur den Fisch innen zart-saftig und außen knusprig werden. Am besten eignen sich mundgerechte Stücke oder kleine Fische zum Frittieren. Fisch kann in Ausbackteig naturell oder paniert frittiert werden. Den fertig frittierten Fisch auf Küchenpapier abtropfen lassen.

▶ *Ambitionierte Köche mögen spezielle Fischpfannen und -töpfe. Für die meisten Fischgerichte reicht aber eine übliche Küchenausstattung.*

Geräte für die Gräte

Wer nur ein Seelachsfilet in der Pfanne braten möchte, braucht sicherlich kein spezielles Fisch-Equipment. Wer jedoch in die Tiefen der Meere einsteigen und Fischen wie auch Meeresfrüchten küchentechnisch auf den Grund gehen möchte, der macht sich die Arbeit mit einer kleinen, aber feinen Grundausstattung nicht nur leichter, sondern sie vor allem sicherer.

Mit Fischfiletieren geht's los, beim Austernöffnen hört es spätestens auf. Schon der harte Panzer von Hummer und Krebs können ohne vernünftiges Werkzeug ein echtes Hindernis oder gar Verletzungen bedeuten. Grundsätzlich muss jeder für sich überlegen, welche Anschaffung sich lohnt und wo improvisiert werden kann. Mit den richtigen Geräten lassen sich die Delikatessen aus dem Meer sicher vorbereiten, und dem großen Genuss steht nichts mehr im Weg.

Zum Säubern

Die Fischschuppen lassen sich am besten mit einem speziellen Schupper lösen, es funktioniert aber auch mit einem schräg angesetzten, scharfen Messer. Praktisch zum Abspülen und Abtropfenlassen von Muscheln: Sieb oder Seiher.

Zum Schneiden

Wichtig sind Messer mit scharfer Klinge und rutschfestem Griff, je nach Verwendungszweck unterschiedlich lang und stabil. Must have: Koch- und Filetiermesser, stabile Haushaltsschere.

Zum Zupfen

Um die Gräten im Filet gründlich und schnell entfernen zu können, ist eine Pinzette ein unerlässliches Hilfsmittel. Noch professioneller geht es mit einer speziellen Grätenzange.

▶ *Während eine Küchenschere sicher jeder im Haus hat, braucht es für die Hummer- oder Austernzubereitung die eine oder andere Anschaffung.*

Zum Öffnen

Austern brauchen einen Brecher mit stabiler, nicht zu spitzer, kurzer Klinge und – wichtig – mit einem Schutzschild zwischen Klinge und Griff. Beim gepflegten Hummeröffnen am Tisch hilft eine spezielle Zange, ansonsten tut es ein Kochmesser oder Hammer.

Um Verletzungen beim Austernöffnen zu vermeiden, ist ein metallener Kettenhandschuh hilfreich, Profis schützen die haltende Hand auch mit einem fest gewebten und mehrfach zusammengelegten Küchenhandtuch.

Zum Heben

Um ganze Fische oder zarte Filets in der Pfanne zu wenden oder unfallfrei zu servieren, ist ein breiter, abgewinkelter Pfannenwender ein geeigneter Helfer.

Köstliches unter Kruste

Die Panzerknacker hätten ihre wahre Freude am hartnäckigen Schutzmantel von Hummer, Languste, Scampi, Krebs oder Garnele. Vor allem wenn sie wüssten, welcher Genuss sich unter der Schale verbirgt. Das feine, feste Fleisch der Krebstiere, wie die Krustentiere zoologisch heißen, begeistert viele, nur Sortenvielfalt und Namen verwirren etwas. Alles über die Familienverhältnisse gibt es hier.

Kein Wunder, dass Krustentiere mit Scheren und Antennen bewaffnet sind. Sie wollen das edle Fleisch unter ihrem Panzer verteidigen. Es ist nicht nur in der Tierwelt, sondern auch bei uns sehr beliebt, und echte Genießer zahlen hohe Preise für die wohlschmeckenden Delikatessen. Weltweit gibt es über 50 000 Arten der Krusten- bzw. Krebstiere, die überwiegend im Meer, aber auch in Süß- oder Brackwasser leben.

Garnelen

Die populärsten aller Krebstiere in Deutschland sind Garnelen. Da sie auch unter Namen wie Shrimps, Prawn, Gambas, Granate oder Hummerkrabben auftauchen, ist es nicht einfach, die 2 000 bis 3 000 Garnelenarten zu unterscheiden: Grundsätzlich werden sie nach Lebensraum in Sand-, Tiefsee-, Geißelgarnelen (am Boden und bodennah lebend) und Felsengarnelen eingeteilt und je nach Größe mit der Zusatzbezeichnung »Riesen«, »King« oder »Tiger« gehandelt. Auch unterscheidet man zwischen Warm- und Kaltwassergarnelen sowie Meeres- und Süßwassergarnelen. Zu erkennen sind Garnelen an ihrem schmalen, gebogenen Körper, den langen Fühlern und einem im Verhältnis zum vorderen Teil langen Hinterleib. Einige Arten wirken leicht durchsichtig und sind grün-bräunlich oder rosa bis braunrot gefärbt. Auch die kleine Nordseegarnele, oft fälschlicherweise als Krabbe bezeichnet, gehört dazu. Kulinarisch wertvoll sind grundsätzlich die Kaltwassergarnelen. Bei den Warmwassergarnelen ist es nicht ganz einfach, gute Qualität zu finden, da sie im Handel ausschließlich nach Größe sortiert werden.

Bei verpackten Garnelen gibt es einen Zahlencode: Er erklärt die Größensortierung, so bedeutet 16/20, dass 16 bis 20 Garnelen ein englisches Pfund (ca. 450 Gramm) ergeben. Garnelen sind besonders köstlich gebraten und am Spieß gegrillt, aber auch gekocht oder gedämpft eine echte Delikatesse.

Hummer

Die auffälligsten und teuersten Krebstiere des Nordatlantiks sind die Hummer mit ihren gewaltigen Scheren. Sie leben in bis zu 40 Meter Tiefe und fühlen sich bei einer Wassertemperatur von 10 bis 15 Grad am wohlsten. Europäische Exemplare sind selten geworden, vor den britischen Inseln, vor Norwegen und an der französischen Atlantikküste gibt es noch bedeutende Fänge. Meist kommen Hummer heute aus Kanada und den USA. Die Tiere können bis über 60 Zentimeter groß werden, durchschnittliche Fanggröße ist etwa 30 Zentimeter bei einem Gewicht von rund einem Kilogramm. Das aromatische Hummerfleisch sollte nur dezent gewürzt werden, sehr fein ist es gekocht, aber auch gebraten oder gegrillt schmeckt es köstlich.

Zu den hummerartigen Krebsen gehören außerdem die Kaisergranat-Arten und die in Süßwasser lebenden Flusskrebse.

Taschenkrebse

An der breit-ovalen Form des Rückenpanzers mit Einkerbungen an der Vorderseite lassen sich Taschenkrebse, die zur Familie der Krabben gehören, eindeutig erkennen. Sie leben in kalten bis gemäßigten Meeren wie dem Atlantik zwischen Norwegen und Marokko und in der Nordsee. In den Handel kommen sie lebend, aber auch als Konserve, gekocht oder tiefgefroren. Das meiste Fleisch steckt in den Scheren und Beinen, im großen Rückenpanzer nur wenig. Taschenkrebse werden wie Krabben gekocht, dann meistens – kalt oder warm – weiterverarbeitet.

▶ *Krustentiere gehören zu den Edelsten der Meeresfrüchte. Gemeinsam ist Garnelen, Hummer und Taschenkrebs der harte Schutzpanzer und das darunterliegende hochwertige, sehr köstliche Fleisch.*

Für Panzerknacker

Es gibt Genüsse, die muss man sich hart erarbeiten, wie das zarte, aromatische Fleisch von Garnelen, Hummer und Taschenkrebs. Wer einmal probiert hat, ist motiviert genug, sich an die Kruste zu wagen. Wer es nicht weiß, sollte neugierig genug sein. Denn es ist leichter als man denkt, und der unvergleichliche Geschmack belohnt im Handumdrehen. Hier die wichtigsten Handgriffe zum Knacken.

Einsteiger starten mit Garnelen, sie lassen sich leicht entblättern und machen Lust auf mehr. Mit dem richtigen Werkzeug und Know-how sind aber alle schnell küchenfertig.

auch in der Schale gebraten oder gegrillt, weil diese das Fleisch vor dem Austrocknen schützt und außerdem Geschmack abgibt. Das Schälen geht hervorragend mit den Händen. Einziges Hilfsmittel für die Schale größerer Exemplare: eine spitze Schere.

Garnelen

Frische Garnelen am besten am gleichen Tag verarbeiten. Die Schwänze lassen sich aber ein bis zwei Tage im Kühlschrank aufbewahren, wenn der Kopfteil mit dem leicht verderblichen Verdauungstrakt zuvor angetrennt wird. Die weichen Schalen von Garnelen lassen sich leicht entfernen, oft werden sie aber

Halbe Sachen *Mit einem großen schweren Messer in die Vertiefung hinter dem Kopf einstechen und den Schwanz möglichst mittig halbieren.*

Garnelen schälen *Die Schale des Garnelenschwanzes ohne Kopfteil mit einer kleinen spitzen Schere auf der Rücken- oder Bauchseite in Richtung Schwanzende einschneiden (1). Schale auseinanderbrechen und bis auf den Schwanzfächer mit den Fingern vom Fleisch lösen und entfernen (2).*

Hummer

Damit der König der Meerestiere auch königlich schmeckt, gibt es ein paar grundsätzliche Dinge zu beachten:

Nur wer Hummer lebend kauft, kommt geschmacklich voll auf seine Kosten. Hält der Fischhändler sie im Seewasserbecken, überlebt der Hummer zu Hause weitere zwei Tage. Ist er nur in feuchte Tücher gehüllt, sollte man fragen, wann er aus dem

Fleisch-Freigang *Scheren mit dem Messerrücken oder einem Hammer kräftig anschlagen, das Fleisch lässt sich dann lockern und herausziehen.*

Wasser genommen wurde. Dies lässt sich auch durch die Aktivität des Hummers feststellen. Beim Hochheben sollte er Schwanz und Scheren bewegen. Ein bewegungsloses Tier ist entweder stark unterkühlt oder schon lange in nicht optimaler Umgebung – beides kann Aroma und Geschmack beeinträchtigen.

Da Hummer nach Gramm und nicht nach Stück berechnet werden, sind zwei mittelgroße einem sehr großen vorzuziehen, da das Schwanzfleisch der Kleineren zarter ist. Bis zur Zubereitung, die am selben Tag sein sollte, den Hummer in der Transportkiste bei zwei bis vier Grad aufbewahren.

In einem großen Topf mit fünf Liter Salzwasser oder Court-Bouillon wird der Hummer mindestens zwei Minuten gekocht, anschließend entweder weitergegart oder herausgenommen und halbiert. Ein Garcode für das punktgenaue Weitergaren ist sehr hilfreich: Für die ersten 500 Gramm werden zwölf Minuten gerechnet, für alle weiteren 500 Gramm nochmals je fünf Minuten. Sollen die Hummer nach den ersten zwei Minuten zu Ende gebraten oder gegrillt werden, müssen zunächst die Scheren abgedreht, anschließend die Hummer fachgerecht halbiert werden (siehe links). Dann beginnt das Auslösen des Fleisches aus Scheren (siehe oben) und Beinen.

Wer den Gästen die Auslösearbeit überlassen möchte, muss Hummerzange und Hummergabel mit eindecken. Meistens serviert man Hummer in Hälften oder bereits in Schwanz und Scheren zerteilt.

Taschenkrebse

Hier trifft das Motto »weniger ist mehr« den Nagel auf den Kopf. Denn der Fleischanteil beim Taschenkrebs ist eher gering, der größte Teil des feinfaserigen Fleisches steckt in den Scheren, und das Herauslösen ist mühsam. Aber das lohnt sich um so mehr, denn der Taschenkrebs ist mit die feinste Frucht, die das Meer zu bieten hat.

Taschenkrebse werden zumeist gekocht oder tiefgekühlt angeboten. Werden sie lebend verkauft, müssen sie wie Hummer zuerst in Salzwasser oder Court-Bouillon gegart werden.

Knicken und knacken *Den Krebs auf die Panzerseite legen, Scheren mit einem schweren Messer abtrennen oder mit der Hand herausdrehen (1). Die Krebsscheren mit dem Rücken eines schweren Messers anschlagen, die Schalen abheben und das Fleisch mit den Fingern herausziehen (2).*

Für einen Taschenkrebs von 800 Gramm Gewicht rechnet man mindestens zwei Liter Sud und eine Garzeit von 10 bis 25 Minuten je nach Größe.

Außer in den Scheren findet man bei den männlichen Tieren im Panzer noch etwas von dem delikaten Fleisch, während die weiblichen Tiere hier kaum etwas zu bieten haben. Der essbare Anteil bei einem Taschenkrebs von 800 Gramm beträgt im Schnitt nur 120 bis 150 Gramm. Als besondere Delikatesse gilt der Corail (Rogen), von im Herbst und Winter gefangenen weiblichen Tieren.

Harte Schale, zarter Kern

Muscheln schmecken nach Urlaub, Sonne und Meer – sie sind der Inbegriff maritimer Lebensqualität. Nur zu Hause trauen sich viele nicht an die Schalen. Dabei ist nichts geselliger als ein köstliches Muschelessen in großer Runde. Ihr feines Aroma, verbunden mit dem Geschmack einer leichten Meeresbrise, ist eine besondere Spezialität, die man in Ruhe genießen sollte.

Dass Muscheln zoologisch zu den Weichtieren gehören, mag verwundern, schließlich sind sie alle mit harten Schalen gewappnet. Kulinarisch werden sie jedoch nach wie vor auch Schaltiere genannt. Es gibt eine Regel, die sagt: Muscheln dürfe man nur in den Monaten mit »r«, also von September bis April essen. Sie galt früher, um die Bestände nachwachsen zu lassen. Heute werden Muscheln in Muschelgärten überwiegend gezüchtet, sodass sich die Zeit des Angebots ausgeweitet hat.

Miesmuscheln

Sie werden auch Pfahlmuscheln genannt, weil sie gern an ins Wasser ragenden Holzpfählen leben, bevorzugt im Brackwasser von Flussmündungen und im Wattenmeer. Die hier erhältlichen Miesmuscheln stammen überwiegend aus dem Atlantik, der Nord- und Ostsee. Ob eine Muschel noch lebt, sieht man daran, dass die Muschelhälften geschlossen sind oder sich durch leichtes Klopfen auf die Schale schließen. Zubereitet werden Miesmuscheln klassisch in Gemüsesud gekocht und darin serviert.

Austern

Vor rund 200 Jahren standen Austern beinahe täglich auf dem Speiseplan der Küstenbewohner Europas, heute gelten sie als kostbare Delikatesse und kommen fast ausschließlich aus Aquakulturen. Weltweit sind von den Gezeiten umspülte Felsen ihr Lebensraum. Während Austern in Asien und Amerika überwiegend gegart werden, verzehrt man sie in Europa zumeist roh. Hauptlieferant in Europa ist Frankreich, in Deutschland hat sich die »Sylter Royal« etabliert. Besonders hoch im Kurs sind neben den berühmten französischen Belons die feinen englischen Rundaustern. Die Standardqualität der Auster ist

»Fines de claire«. Diese Tiere haben mehrere Wochen in einem sauberen Klärbecken gelegen und bekommen so einen reinen Geschmack. Wie frisch eine Auster ist, lässt sich beim Händler erfragen: Jede Lieferung enthält eine Datumsanzeige, beim Kauf sollten Austern nicht älter als zehn Tage sein.

Jakobsmuscheln

Benannt sind die größten und schmackhaftesten essbaren Muscheln nach dem heiligen Jakobus, Schutzpatron der Pilger. Lebensraum der Jakobsmuschel sind die kühlen Gewässer des Atlantiks, als beste Fanggebiete gelten Schottland und Irland. Frische Jakobsmuscheln sollten schwer und müssen geschlossen sein. Das Fleisch ist recht groß und zeichnet sich durch einen nussigen, etwas süßlichen Geschmack aus. Es ist gebraten, gratiniert oder gedünstet eine Delikatesse. Die kurze Kochzeit allerdings verlangt Garen auf den Punkt: Wird das Muschelfleisch auch nur etwas zu lange gegart, ist es schnell trocken und zäh.

Venusmuscheln

Sie vergraben sich im Boden, obwohl die Venusmuscheln doch nach der Göttin der Liebe und Schönheit benannt sind. Auch der Geschmack ist göttlich, und die Muscheln lassen sich vielfältig zubereiten, etwa als Spaghetti Vongole. Kleine Exemplare sind auch roh ein Genuss, größere werden gedämpft, gratiniert oder mit Schale gegrillt.

▶ *Jeder das Ihre: Austern pur on the rocks, die Jakobsmuschel wird gern gebraten oder gratiniert. Venusmuscheln findet man oft als Spaghetti Vongole und Miesmuscheln im großen Topf mit würzigem Gemüsesud.*

Sesam öffne dich!

Wer einen Knopf sucht, um sie zu öffnen, kann lange suchen. Ein bisschen Geduld braucht es schon, Muscheln zu säubern und vorzubereiten. Aber wer gerne handarbeitet, wird belohnt. Miesmuscheln, Austern und Jakobsmuscheln sind kostbare Schätze aus dem Meer, und sie schmecken noch besser, wenn man sich vorher beim Schrubben, Entbarten oder Öffnen mit ihnen angefreundet hat.

Der Weg ist das Ziel: Wer sich nur schnell satt essen will, ist in der Abteilung Muscheln falsch. Sie brauchen Zuwendung und gründliche Vorbereitung, die aber die Lust auf den Genuss extrem steigern. Wer große Mengen für Gäste vorbereiten muss, sollte rechtzeitig beginnen, damit es nicht in Stress ausartet. Der Gedanke an Meeresrauschen entspannt.

Miesmuscheln

Es gibt Miesmuscheln auch fix und fertig geputzt und auf Hochglanz poliert zu kaufen. Aber wer putzen muss, macht es so:

Der Bart muss ab *Zum Entbarten der Muscheln jede einzelne in die Hand nehmen und die heraushängenden Fäden, den sogenannten Bart, einfach mit den Fingern abziehen. Mit diesen Fäden heftet sich die Muschel im Wasser an Pfählen oder Ähnlichem fest.*

Unter die Brause *Zuerst die Miesmuscheln in einem Sieb kalt abbrausen, und dabei mit einer harten Küchenbürste Sand sowie anhaftende Algen abschrubben. Wenn sie zu hartnäckig sind, hilft ein Messer, mit dem man anhaftende Kalkreste abschaben kann. Muscheln abtropfen lassen.*

Frischetest *Nach dem Waschen sollten die Muscheln grundsätzlich geschlossen sein. Wer leicht geöffnete Muscheln testen will, tippt die Schale leicht an. Schließt sich die Muschel, ist sie lebendig und kann verwendet werden. Bleibt sie offen, ist sie tot und muss aussortiert werden.*

Jakobsmuschel

Dekorativ ist die harte Schale. Aber wer an das köstliche Innere will, muss an ihr vorbei. Gewusst wie ist es nur Handwerk:

Auf und ab *Die gewaschene Muschel mit der flachen Seite nach oben drehen und mit einem Handtuch gut festhalten. Ein Messer mit stabiler Klinge vorn zwischen die Schalen schieben und dabei den Schließmuskel durchtrennen (1). Die flache Schale abheben, das Muschelfleisch mit einem Messer aus der tiefen Schale lösen und herausheben (2).*

Leckerbissen *Muskelfleisch und orangefarbenen Corail (Rogen) trennen.*

Austern

Schlürfen ist erlaubt und für viele Gourmets der ultimative Genuss. Nur das Öffnen von Austern ist eine harte Nuss:

Schutz Mann! *Die Auster lässt sich am sichersten mit einem metallenen Stechschutzhandschuh öffnen. Dazu die gewölbte Austernseite nach unten drehen und mit dem Austernöffner am Scharnier einstechen. Das Scharnier durchtrennen und den Öffner mit Kraft ringsherum führen, bis sich die obere, flache Schalenhälfte etwas anheben lässt. Dann die Muschel mit der Klinge lösen.*

Genuss frei! *Die obere Schalenhälfte abnehmen und den ungenießbaren Kiemen entfernen. Mit einem kleinen Küchenpinsel vorsichtig die Kanten säubern, um Schalensplitter zu beseitigen.*

Im Garten eines Kraken

Kopffüßer oder Weichtiere sagen die Experten, Tintenfische die, die es nicht so genau nehmen, mediterrane Delikatesse schwärmen die Gourmets. Sepia, Kalmar und Pulpo sind vor allem in den Mittelmeerländern Objekt der kulinarischen Begierde und durch verschiedene Zubereitungsarten eine vielseitige Abwechslung in der maritimen Fischküche. Dabei hilft ein kurzes Who-is-Who.

Erstaunlich, dass die weichen Tiere ohne Schale oder Panzer wahre Urgesteine sind. Wo sie doch im ersten Moment scheinbar schutzlos ausgeliefert sind. Trotzdem gibt es sie seit Millionen von Jahren. Ihre Geheimwaffe ist schwarz und flüssig. Bei Gefahr verdunkeln sie mit der dunklen Tinte dem Feind die Sicht und verschwinden im Nebel.

Kulinarisch wichtig sind Sepia, Kalmar und Pulpo, drei unterschiedlich große Kopffüßer, die oft, wenn auch nicht ganz korrekt, als Tintenfische zusammengefasst werden.

Kalmare

Calamari fritti kennt jeder, doch wer weiß, dass die knusprigen Ringe vom zehnarmigen Kalmar stammen? Der hat einen schlauchförmigen, torpedoartigen Körper, der in einer manchmal rhombenartigen Schwanzflosse endet. Kalmare schwimmen im freien Meer in kleinen Gruppen und ernähren sich von Krebsen, Muscheln, Schnecken, kleinen Fischen. Von den zehn mit Saugnäpfen besetzten Fangarmen sind zwei einziehbare Tentakel, mit denen sie ihre Beute wie mit einem Lasso einfangen.

Kulinarisch ist er nicht nur frittiert, sondern auch roh als Sushi oder Sashimi ein Genuss. Sein festes, mageres Fleisch wird entweder nur kurz gekocht, gebraten, gegrillt oder frittiert oder zwischen 30 und 45 Minuten geschmort. Zum Braten wird das Fleisch von großen Tieren vorher weich geklopft. Die kleinen Calamaretti werden gern im Ganzen gebraten oder gegrillt oder deren Körperbeutel gefüllt und gegart.

Pulpo

Er hört auch auf den Namen Kraken oder Oktopus, hat im Gegensatz zu seinen Verwandten nur acht Arme; ihm fehlen die verlängerten Fangarme und auch eine innere Schale. Der große Bruder von Kalmar und Sepia lebt im Mittelmeer und im Atlantik, er kommt auch in der Nordsee vor. Obwohl der Krake gut schwimmen kann, hält er sich meist am Boden oder in Höhlen auf, um seiner Beute dort aufzulauern und sie bei einer Spannweite von bis zu zwei Metern mit den Saugnäpfen seiner Fangarme festzuhalten.

Kraken haben ein festes Fleisch, das meist gekocht, geschmort, aber auch gebraten oder gegrillt wird. Damit es bei der Zubereitung zart wird, muss man es vorher weich klopfen oder relativ lange garen. In Form von mediterranen Spezialitäten wie Oktopussalat oder in Rotwein geschmort ist er bekannt, als moderne Sushizutat wird er vorher gekocht.

Sepia

Die sogenannten echten Tintenfische haben zehn Arme, zwei davon sind antennenartig ausgebildet. Trotz ihres etwas gedrungenen Körpers können Sepien sich über den umlaufenden Flossensaum gut fortbewegen. Im Atlantik oder Mittelmeer verstecken sie sich oft im Sand des Meeresbodens, um ihre Beute so zu überraschen.

Grundsätzlich gilt: Je kleiner die Sepia, desto zarter das Fleisch. Und wenn es richtig zubereitet wird, bleibt es auch zart. Das Fleisch von größeren Tieren wird dazu vorher weich geklopft. Sepia wird meist gegrillt oder gebraten, aber auch gefüllt und im Ofen gegart. Mit Sepiatinte lassen sich Lebensmittel, beispielsweise Reis oder Pasta, intensiv schwarz färben.

▶ *Von Riesen und weniger Großen: Ein Pulpo wird zwischen 70 Zentimeter und drei Meter lang, der weiße Sepia bis 65 Zentimeter, Kalmare sind die Kleinsten mit einer Länge von 30 bis 50 Zentimeter.*

Ärmel hoch, Arme vor!

Trotz zunehmender Beliebtheit ist Tintenfisch immer noch eher selten im Handel. Sicher liegt es unter anderem an der Vorbereitung, vor der sich viele scheuen: So viele Arme, und keiner soll zum zähen Gummiring werden. Damit sie weich und zart werden, muss man sie besonders vorbereiten. Dann ist die Zubereitung von gefüllt bis frittiert, von Salat bis Suppe vielseitig und köstlich.

Viele haben Respekt vor den fremdartig aussehenden Bewohnern der Meere. Dabei ist nichts leichter, als sie zuzubereiten, schließlich gibt es hier keinen Knackpunkt. Einzig die richtige Vorbereitung ist wichtig, damit das feste Fleisch nicht gummiartig, sondern zum großen Genuss wird.

Kalmare

Zuerst den Kalmar gründlich unter kaltem Wasser abspülen und abtropfen lassen. Dann werden die Fangarme mit Kopf und Eingeweiden mit der Hand vom Körperbeutel getrennt. Die dünne Haut lässt sich gut mit den Fingern fassen und vom Körperbeutel abziehen. Die Fangarme werden dann so vom Kopf abgeschnitten, dass sie ringförmig miteinander verbunden bleiben. Die Kauwerkzeuge können einfach mit den Fingern von

Trennung Mit der Hand werden die Fangarme (Tentakel) zusammen mit Kopf und Innereien aus dem Körperbeutel herausgezogen.

unten aus durch den Fangarmring hindurch herausgedrückt werden. Bei Bedarf den Tintenschlauch von den Innereien abtrennen und den Tintenbeutel einfach in ein kleines Gefäß ausdrücken. Das durchsichtige Fischbein aus dem Körperbeutel herausziehen und entsorgen. Körperbeutel und Fangarme gut waschen und je nach Rezept zubereiten.

Abzug Die Haut der zu verwendenden Teile, also von Fangarmen und Körperbeutel, wird einfach mit den Fingern abgezogen.

Klassisch wird der Körperbeutel in Ringe geschnitten, die dann in einer Teighülle frittiert werden. Die kleineren Verwandten des Kalmar, italienisch auch Calamaretti, sind besonders zart und oft küchenfertig zu bekommen. Im Ganzen lassen sich die Baby-Kalmare genauso vorbereiten wie die Großen. Besonders köstlich sind sie gefüllt. Raffiniert und sehr praktisch lassen sich Calamaretti für Risotto verwenden, weil sie dieselbe Garzeit haben wie der Reis.

Pulpo

Den Kraken, Oktopus oder Pulpo gründlich unter kaltem Wasser abspülen, sodass auch die Fangarme mit den Saugnäpfen gesäubert werden. Den Körperbeutel mit einem scharfen Messer knapp hinter den Augen abschneiden. Die Augenpartie abschneiden, dann lassen sich die Innereien leicht mit den

Gut geputzt *Sind Körperbeutel und Kopf voneinander getrennt, kann man die Innereien und Kauwerkzeuge leicht entfernen.*

Fingern aus dem Körperbeutel ziehen und entfernen. Während die eine Hand den Körperbeutel gut festhält, mit der anderen Hand die rötlich graue Haut abziehen. Den Körperbeutel einmal umstülpen und diesen dann innen und außen gründlich mit kaltem Wasser ausspülen.

Jeder Fischer hat seine Methode, um das feste Fleisch des Pulpo schön zart zu bekommen: Die einen schlagen es gleich im Hafen bis zu eine Stunde lang auf den harten Asphalt oder an den Fels. Auch Korken im Kochwasser oder ein zweitägiger Aufenthalt im Tiefkühlfach gelten als Zartmacher-Geheimwaffen. Küchen-praktisch und für jeden umsetzbar ist das Bearbeiten mit einem Fleischklopfer, wie man ihn zum Schnitzelklopfen verwendet. Den Pulpo oder die Tentakel dazu in ein Küchentuch wickeln und das Fleisch mit der flachen Seite auf der Arbeitsfläche liegend vorsichtig weich klopfen. Wichtig dabei ist es, die Saugnäpfe nicht zu verletzen. Wer dennoch in die Korken-Weichkochtechnik einsteigen möchte, gibt drei bis vier Weißweinkorken mit ins Kochwasser.

Sepia

Die Sepia der Länge nach auf eine Arbeitsfläche legen und mit einem Messer den Kopf abschneiden. Die Fangarme so knapp vor den Augen abtrennen, dass sie durch einen feinen Ring miteinander verbunden bleiben. Die Kauwerkzeuge können can aus der Mitte des Ringes mit den Fingern herausgedrückt und entfernt werden. Den Körperbeutel auf der dunkleren Rückenseite mit einem Messer längs aufschneiden, an den Schnitträndern vorsichtig öffnen, die Sepiaschale herausnehmen. Mit den Händen die Innereien aus dem Körperbeutel vorsichtig entfernen, dabei den Tintenbeutel nicht verletzen. Die Haut vom Körperbeutel mit den Fingern abziehen und diesen einmal gründlich abspülen.

Sepiatinte hat eine besonders große Färbekraft, macht zum Beispiel Pastateig tiefschwarz – zu weißem Fleisch von Krustentieren wird eine Pasta negra ein echter Hingucker und kulinarische Sensation. In Saucen sorgt die Tinte für ein feines Aroma und gleichzeitig für eine leichte Bindung. Wer Sepiatinte nicht selbst gewinnen möchte, erhält sie separat in Feinkostläden oder beim Fischhändler.

Arme am Ring *Zuerst Körperbeutel und Fangarme trennen, dann lassen sich die Augen so abschneiden, dass die Fangarme am Ring übrig bleiben.*
Alles essbar *Die verwertbaren Teile der Sepia sind die durch den Ring verbundenen Fangarme und der offene Körperbeutel.*

Köstliche Kleinigkeiten

Die Stockfisch-Brandade mit Lachs finden Sie auf Seite 36.

Stockfisch-Brandade
mit Lachs

Für 4 Portionen

▪ **Stockfisch-Brandade und Orangen-Emulsion**

680 g Stockfisch
1 Tl Senfkörner
400 ml Orangensaft
10 El Olivenöl
15 g Honig
Salz
500 g mehligkochende Kartoffeln
800 ml Milch
3 Knoblauchzehen
3 Lorbeerblätter

▪ **Artischockensalat**

1 Msp. Ascorbinsäure
6 kleine Artischocken (à 110 g)
3 El Verjus (Saft von unreifen grünen Weintrauben; ersatzweise Weißweinessig)
6 El Olivenöl
Salz
Pfeffer
Zucker

▪ **Lachs in der Kruste**

1 El geschälte Sesamsaat
1 Beet Kresse
450 g festkochende Kartoffeln
1 Eigelb (Kl. M)
Salz
Muskat
2 Lachsfilets (à 160 g, aus dem Mittelstück)
3–4 El Olivenöl

▪ **Zubereitungszeit**
2 Stunden (plus Einweichzeit)

1.   Stockfisch grob zerschneiden und mindestens 3 bis 5 Tage in kaltes Wasser legen. Kalt stellen und täglich das Wasser wechseln. Senfkörner in einer Pfanne ohne Fett rösten, im Mörser zermahlen. Orangensaft mit Senfkörnern bei mittlerer Hitze auf 100 ml einkochen. 6 El Öl und Honig in den Sirup geben, verrühren, mit Salz würzen.

2.   Kartoffeln schälen, in kaltes Wasser legen. Stockfisch abtropfen lassen. Milch mit Knoblauch und Lorbeer aufkochen, Stockfisch zugeben, zugedeckt bei milder Hitze 8–10 Minuten garen. Stockfisch und Knoblauch herausnehmen, beiseitestellen. Milch durch ein Sieb in einen 2. Topf passieren. Stockfisch putzen, Haut und Gräten entfernen, in kleine Stücke zupfen. Kartoffeln in die Milch geben, offen ca. 20 Minuten gar kochen. Kartoffeln in ein Sieb gießen, abtropfen lassen, dabei 100 ml Milch auffangen. Kartoffeln und Knoblauch durch eine Kartoffelpresse drücken, mit der aufgefangenen Milch und dem restlichen Öl verrühren. Fisch zugeben, verrühren, leicht mit Salz abschmecken.

3.   Für den Artischockensalat 1 l kaltes Wasser mit Ascorbinsäure mischen. Artischocken putzen, die Hälfte vom Stiel abschneiden. Äußere harte Blätter und ca. ein Viertel der Spitze entfernen. Stiele schälen. Inneres Heu entfernen. Artischocken in das Ascorbinwasser legen, in einem Sieb abtropfen lassen und sehr fein schneiden. Mit Verjus und Olivenöl mischen, mit Salz, Pfeffer und 1 Prise Zucker würzen.

4.   Für den Lachs Sesamsaat in einer Pfanne ohne Fett rösten. Kresse vom Beet schneiden, grob hacken. Kartoffeln schälen, raspeln, in ein feuchtes Mulltuch geben, fest ausdrücken, Saft auffangen. Saft 2–3 Minuten stehen lassen, Flüssigkeit entfernen, die Stärke setzt sich ab. Kartoffeln, Sesam, Kresse, Kartoffelstärke und Eigelb in einer Schüssel mischen, mit Salz und Muskat würzen. Kartoffelmasse nochmals ausdrücken. Lachsstücke mit Salz würzen. Die Hälfte der Kartoffelmasse ausbreiten (20 x 20 cm), Lachsfilet in die Mitte legen, Kartoffelmasse rundherum andrücken, fest verschließen. Restliches Lachsfilet genauso verarbeiten. Öl in einer beschichteten Pfanne erhitzen, Lachs bei mittlerer Hitze auf einer Seite 2–3 Minuten braten, bis die Kartoffelhülle goldbraun ist. Lachs wenden, weitere 2–3 Minuten braten. Lachs in Tranchen schneiden. Stockfischpüree erwärmen, in kleine Ringe (ca. 6 cm Ø) füllen, Ringe entfernen. Lachs und Stockfischpüree mit Orangen-Emulsion und Artischockensalat servieren.

Das Foto zu diesem Rezept finden Sie auf Seite 34.

Kartoffel-Rauke-Creme
mit Matjestatar

1. Für die Kartoffel-Rauke-Creme die Schalotte würfeln. Kartoffeln schälen, waschen und fein schneiden.

2. Olivenöl in einem Topf erhitzen, die Schalotten darin glasig dünsten. Kartoffeln dazugeben, mit Gemüsefond und Sahne auffüllen und bei halb geschlossenem Topf 20–25 Minuten bei mittlerer Hitze kochen lassen. Mit Salz, Pfeffer und etwas Muskat abschmecken. Kartoffeln in ein Sieb geben, abtropfen lassen, den Fond auffangen. Kartoffeln durch eine Kartoffelpresse drücken. Abkühlen lassen.

3. Rauke putzen und mit den Stielen grob hacken. Mit Zitronenschale und -saft in den abgekühlten Kartoffelfond geben und mit dem Schneidstab sehr fein pürieren. Kartoffelmasse dazugeben und alles mit dem Schneebesen zu einer glatten Creme verrühren. Kalt stellen.

4. Für das Matjes-Pinienkern-Tatar die Pinienkerne in einer Pfanne ohne Fett goldbraun rösten. Abkühlen lassen. Schalotte fein würfeln. Kirschtomaten vierteln und entkernen. Matjes in 5 mm große Würfel schneiden. Kerbelblätter abzupfen und grob hacken. Alles vorsichtig mischen und das Tatar mit Olivenöl, Zitronensaft und Pfeffer abschmecken.

5. Die kalte Kartoffel-Rauke-Creme in Gläser füllen. Darauf das Tatar verteilen und das Gericht sofort servieren.

✱ Tipp Auch wenn Matjes, der junge, noch nicht laichreife Hering, inzwischen das ganze Jahr über erhältlich ist – so richtig gut schmeckt er in der Saison von etwa Anfang Mai bis Ende Juni, was vor allem auch an seinem nicht geringen Fettanteil liegt. Die Art, den Matjes am Schwanz gehalten kopfüber zu essen, ist eine Sitte, die zum Geschmackserlebnis durchaus beitragen kann.

■ Einfach　　■ Raffiniert
■ Schnell　　■ Gut vorzubereiten

Für 6 Portionen

■ **Kartoffel-Rauke-Creme**

1 Schalotte
250 g festkochende Kartoffeln
(z. B. Bio-Linda)
2 El Olivenöl
250 ml Gemüsefond
50 ml Schlagsahne
Salz
Pfeffer
Muskat
3 Bund Rauke (20 g)
abgeriebene Schale von 1 Bio-Zitrone
1–2 Tl Zitronensaft

■ **Matjes-Pinienkern-Tatar**

2 El Pinienkerne
1 Schalotte (40 g)
4 Kirschtomaten
2 Matjesfilets
6 Stiele Kerbel
2 El Olivenöl
1–2 Tl Zitronensaft
Pfeffer

■ **Zubereitungszeit**
50 Minuten (plus Kühlzeit)

Rettich-Cannelloni
mit Forellen-Tatar

■ **Einfach** ■ Raffiniert
■ Schnell ■ Gut vorzubereiten

Für 6 Portionen

■ 1 El Campari
  6 El Birnensaft
  2 El Himbeeressig
  Meersalz
  Pfeffer
  5 El Traubenkernöl
  50 g Fenchelknolle
  50 g Apfel
  1 Schalotte
  300 g frische Forellenfilets (ohne Haut)
  1 gehäufter El Old Hickory Rauchsalz
  500 g weißer Rettich
  2 El Zitronensaft
  2 El Puderzucker
  1 Handvoll Portulak
  1 Handvoll Rote-Bete-Blätter
  3–4 Stiele Dill

■ **Zubereitungszeit**
  1 Stunde 10 Minuten

1. Für die Vinaigrette Campari, Birnensaft, 1 El Himbeeressig, etwas Salz, Pfeffer und 4 El Traubenkernöl verrühren. Fenchel putzen, Apfel entkernen. Beides mit der Schalotte fein würfeln und mit restlichem Himbeeressig und Traubenkernöl, Salz und Pfeffer mischen. Forellenfilets entgräten, fein würfeln und mit dem Rauchsalz mischen.

2. Rettich schälen und möglichst in ca. 15 cm lange dünne Scheiben schneiden oder hobeln. Zitronensaft, Salz und Puderzucker mischen und die Scheiben darin ca. 20 Minuten marinieren, bis sie sich elastisch biegen lassen, ohne zu brechen.

3. Salatblätter waschen, putzen und trockenschleudern. Dill fein schneiden, eine Hälfte zur Vinaigrette, die andere Hälfte zur Forelle geben. Forellen-Tatar mit der Fenchelmischung vermengen und eventuell nachwürzen.

4. Für die Cannelloni den Rettich etwas abtupfen. Auf den Anfang einer Rettichscheibe gut 1 El Tatar geben. Fest einrollen. Sobald sich die Rettichscheiben überlappen, den überstehenden Teil der Scheibe abschneiden. Auf diese Weise 12–18 Cannelloni herstellen und mit der Nahtstelle nach unten auf die Teller legen. Salatblätter darauf verteilen und mit der Vinaigrette beträufeln. Dazu passt leicht geröstetes Graubrot mit gesalzener Rohmilchbutter.

✱ Tipp »Cannelloni« sind gewöhnlich eine Bezeichnung für große breite Röhrennudeln und Teigrollen – selbst gemacht oder als Fertigprodukt erhältlich – gefüllt mit allem, was die Küche hergibt. Dass in diesem Rezept Rettich zur gefüllten Röhre wird, weist auf den eigentlichen Ursprung des Wortes zurück: »cannello« ist italienisch und bedeutet Röhrchen oder Strohhalm.

Senf-Mousse
mit Lachs-Tatar

1. Für die Senf-Mousse die Schalotten grob würfeln, den Estragon grob zerschneiden. Beides mit Weißwein und Pfefferkörnern in einen Topf geben und bei mittlerer Hitze auf 100 ml einkochen lassen. Die Reduktion durch ein feines Sieb gießen.

2. Gelatine in kaltem Wasser einweichen. Reduktion mit Eigelb im Schlagkessel über einem heißen Wasserbad mit dem Schneebesen in 3–4 Minuten cremig-dicklich aufschlagen. Von der Kochstelle nehmen, die ausgedrückte Gelatine darin auflösen. Senf dazugeben und unterrühren. Kalt stellen, bis die Senfcreme leicht zu gelieren beginnt. Sahne steif schlagen und nach und nach vorsichtig mit einem Teigschaber unter die Senfcreme heben.

3. Eine Platte mit Frischhaltefolie bedecken. Darauf 6 Stahl- oder Aluminiumringe (6–8 cm Ø, 3–5 cm hoch) legen. Die Senf-Mousse gleichmäßig in die Ringe füllen und mindestens 4 Stunden kalt stellen, bis sie fest ist.

4. Für die Kartoffelchips die Kartoffeln gründlich waschen und mit der Schale in 1–2 mm dicke Scheiben hobeln. In einem Sieb unter fließendem kaltem Wasser abspülen und abtropfen lassen. Kartoffelscheiben nebeneinander auf ein Küchentuch legen, mit einem zweiten Küchentuch bedecken und gut trockentupfen. Öl auf 160 Grad erhitzen und die Kartoffelscheiben portionsweise darin in 4–6 Minuten goldbraun frittieren. Auf Küchenpapier abtropfen lassen.

5. Für das Tatar den Lachs in 5 mm große Würfel schneiden und in eine Schüssel geben. Dill und Kerbel fein hacken und dazugeben. Die Hälfte des Schnittlauchs fein schneiden, mit Zitronenschale und Olivenöl zum Lachs geben. Gut mischen und mit Pfeffer würzen.

6. Die Senf-Mousse mit einem scharfen Küchenmesser aus den Ringen lösen und auf flachen Tellern mit dem Tatar und den Kartoffelchips anrichten. Mit dem restlichen Schnittlauch garniert servieren.

■ Einfach   ■ **Raffiniert**
■ Schnell   ■ Gut vorzubereiten

Für 6 Portionen

■ **Senf-Mousse und Kartoffelchips**
40 g Schalotten
3 Stiele Estragon
150 ml Weißwein
1 Tl Pfefferkörner
3 Blatt weiße Gelatine
4 Eigelb (Kl. M)
3 El körniger Dijon-Senf
200 ml Schlagsahne
2 große festkochende Kartoffeln
Öl zum Frittieren

■ **Lachs-Tatar**
400 g Lachs (Sushi-Qualität)
2 Stiele Dill
4 Stiele Kerbel
1 kl. Bund Schnittlauch
abgeriebene Schale von ½ Bio-Zitrone
2 El Olivenöl
Pfeffer

■ **Zubereitungszeit**
2 Stunden (plus Kühlzeit)

Gebeizter Lachs
mit Avocado-Mousse

Für 4 Portionen

■ **Lachs**

500 g Lachsfilet (mit Haut)
3 Stangen Zitronengras
3 Kaffir-Limettenblätter
50 g frischer Ingwer
1 rote Chilischote
30 g Salz
20 g Zucker
2 El Limettensaft
2 El Öl

■ **Avocado-Mousse und Vinaigrette**

2 Blatt weiße Gelatine
1 rote Chilischote
1 Avocado
100 g griechischer Sahnejoghurt
1 Tl Limettensaft
Salz
Pfeffer
1 Eiweiß
6 Blätter Basilikum
2 El Weißweinessig
1 Tl flüssiger Honig
6 El Olivenöl

■ **Zubereitungszeit**

1 Stunde (plus Beiz- und Kühlzeit)

1. Das Lachsfilet kalt abspülen und trockentupfen. Mit der Hautseite nach unten in eine flache Schale legen. Zitronengras in kleine Stücke schneiden, Kaffir-Limettenblätter fein schneiden. Ingwer mit Schale grob zerkleinern, Chilischote grob hacken. Die Zutaten mit Salz und Zucker in einen Mörser geben und zu einer groben Paste zerstoßen. Mit dem Limettensaft mischen.

2. Die Fleischseite des Lachses mit der Paste bedecken und den Lachs mit Klarsichtfolie abgedeckt 6 Stunden im Kühlschrank beizen. Am Ende der Beizzeit die Paste vom Lachs spülen, den Lachs von der Haut schneiden und in 8 gleich dicke Scheiben schneiden. Bis zur Verwendung auf einem Teller abgedeckt im Kühlschrank aufbewahren.

3. Für die Avocado-Mousse die Gelatine in kaltem Wasser einweichen. Chilischote halbieren, entkernen und fein hacken. Die Avocado halbieren, den Stein herauslösen, das Fruchtfleisch aus den Schalen lösen und in ein hohes Gefäß geben. Avocado mit Joghurt, Limettensaft, Salz und Pfeffer fein pürieren, die Hälfte der gehackten Chilischote untermischen.

4. Eiweiß steif schlagen. Gelatine abtropfen lassen und in einem kleinen Topf tropfnass bei niedriger Temperatur erhitzen. Mit 2 El Avocadopüree mischen und anschließend unter das restliche Püree ziehen. Den Eischnee unterheben. 4 Edelstahlringe (ca. 5 cm Ø, 5 cm hoch) kalt ausspülen und auf ein mit Backpapier belegtes Blech setzen. Mousse einfüllen und zugedeckt 3 Stunden kalt stellen.

5. Für die Vinaigrette Basilikum fein hacken. Restlichen Chili mit Essig, Honig, Salz und Pfeffer in einer Schüssel verrühren, das Olivenöl untermischen. Zum Servieren die Mousse-Portionen vorsichtig auf 4 Teller geben, dafür die Außenseiten der Ringe mit den Händen leicht erwärmen und die Mousse herausgleiten lassen.

6. In einer beschichteten Pfanne das Öl stark erhitzen, die Lachsstücke darin von jeder Seite kurz bei sehr hoher Hitze anbraten. Auf die Teller geben und mit der Vinaigrette beträufelt servieren. Dazu passt Radicchio.

Der Norden lässt grüßen

Den Skandinaviern sei Dank. Ursprünglich haben sie den leicht verderblichen Lachs gebeizt, um ihn über die Fangsaison hinaus haltbar zu machen. Mittlerweile hat der Graved Lachs so viele Fans, dass er vor allem aus kulinarischen Gründen mit Salz, Zucker, Kräutern und Gewürzen behandelt und mit Honig-Senf-Sauce genossen wird. Und es ist ganz einfach, ihm mit dem persönlichen Mix eine individuelle Note zu verleihen.

Reingelegt

Durch Beizen, Marinieren, Einlegen oder Pökeln werden leicht verderbliche Lebensmittel wie zum Beispiel Fisch oder Fleisch haltbar gemacht. Gleichzeitig sind die Beizen oder Marinaden geschmacksgebend. Doch was ist nun der Unterschied: Ganz einfach – Marinaden werden oft bei der weiteren Verarbeitung mitverwendet, Beizen dagegen nicht.

Der bei uns bekannteste gebeizte Fisch ist der Graved Lachs (schwedisch: „eingegrabener Lachs"). Früher wurde der Lachs mit einer trockenen Salz-Zucker-Mischung und eventuell weiteren Gewürzen und Kräutern eingerieben, dann für mindestens drei Tage in Sand- oder Erdlöchern vergraben und mit Steinen beschwert. Durch die salzige Beize und den Druck von oben wurde Flüssigkeit aus dem frischen Lachsfleisch herausgezogen, der Fisch fermentierte gleichzeitig dabei. Da man auch früher schon Zucker und Kräuter dazugab, war es mehr als ein Pökelvorgang, und man nannte es Beizen.

Graved Lachs *Zum Beizen braucht Fisch nur Salz und Zucker. Mit Zitrusfrüchten, Kräutern und Gewürzen wird er eine echte Spezialität.*

Nun muss heute niemand mehr einen Fisch vergraben. Es reicht voll und ganz, wenn er nach der Behandlung mit der Beize abgedeckt, beschwert und so für ein paar Tage im Kühlschrank gelagert wird. Das Ergebnis: Der Lachs ist länger haltbar, und sein Geschmack bleibt optimal erhalten – durch die Salz-Zucker-Kombination wird das feine Aroma vom rohen Lachs sogar noch intensiver. Mittlerweile ist man

auch noch experimentierfreudiger geworden: Das klassische Beiz-Kraut Dill wird gern gegen andere Kräuter wie Petersilie, Basilikum oder Koriander ersetzt. Auch sind Zitrusfrüchte wie Zitronen, Limetten oder Orangen eine beliebte Zugabe. Sie sorgen für ein angenehm frisch-säuerliches Aroma. Dazu werden meist Senfsaucen gereicht, die mit ihrer leicht süßlichen Schärfe perfekt zum aromatisierten Lachs passen.

Außer mit Lachs funktioniert das Beizen genauso gut auch mit anderen fettreichen Fischen, beispielsweise mit Makrele.

Graved Lachs

Aromatisch, würzig, gut. Gebeizter Lachs ist ein echter Leckerbissen und ein gern gesehener Gast auf jedem Buffet.

Für 4 Portionen:
350 g küchenfertigen Lachs mit Haut abspülen und gut trockentupfen. Dann 2 El Senfkörner, 5 Wacholderbeeren, 3 Nelken, 4 Pimentkörner, 30 g Zucker und 20 g Salz in einem Mörser fein zermahlen. Schale von 1 Orange fein abreiben. ½ Bund Dill abzupfen. Gewürze mit Dill und Orangenschale mischen. Orange in dünne Scheiben schneiden. Gewürzmischung auf die Fleischseite des Lachs gleichmäßig verteilen, mit den Orangenscheiben bedecken. Alles gründlich mit Klarsichtfolie bedecken und im Kühlschrank 24 Stunden durchziehen lassen. Nach zwölf Stunden den Lachs einmal wenden.
Tipp: Um den Beizvorgang zu intensivieren, den Lachs zwischen zwei Backbleche legen und beschweren.
Zubereitungszeit: 15 Minuten plus 24 Stunden Beizen

Nach 24 Stunden den gebeizten Lachs abdecken und aus der Marinade nehmen: Die Orangenscheiben und die Gewürzmischung gründlich entfernen. Das geht am besten mit einer Teigkarte oder einem breiten Messer.
Zum Servieren den Lachs sehr schräg mit einem Lachsmesser in sehr dünne Scheiben schneiden und mit Sahnemeerrettich oder Honig-Senf-Sauce servieren.

Honig-Senf-Sauce

Das Tüpfelchen auf dem i ist die süß-scharfe Senfsauce zum Lachs:

Für 6-8 Portionen:
1 El mittelscharfen Senf, 200 ml grobkörnigen Senf (Moutarde à l'ancienne), 4–5 El flüssigen Honig, 4 El trockenen Weißwein und 7 El Olivenöl in einer Schüssel verrühren. Mit Salz und Pfeffer würzen. 6 Stiele Dill abzupfen, fein schneiden und in die Sauce rühren. 30 Minuten ziehen lassen.
Zubereitungszeit: 10 Minuten plus Zeit zum Ziehen

Wer gern experimentiert und den Lachs zum Beispiel mit mediterranen Kräutern beizt, kann ihn durch ein Pesto aus getrockneten Tomaten, Knoblauch und Basilikum geschmacklich unterstützen. Auch asiatische Varianten mit Zitronengras, Ingwer, Limetten und Koriander sind köstlich und bieten weitere Möglichkeiten, den Lachs delikat zuzubereiten.

Zanderterrine mit
Lachs und Mango

1. Einsatz und Messer eines Blitzhackers ins Gefrierfach stellen. Zander fein würfeln, mit 2 El Zitronensaft und Wermut beträufeln, kalt stellen. Senfkörner in leise kochendem Wasser 5 Minuten kochen, in ein feines Sieb gießen, abschrecken, gut abtropfen lassen. Senfkörner kalt stellen. Mango schälen, Fruchtfleisch vom Stein schneiden, fein würfeln, kalt stellen. Mangold putzen und Stiele entfernen. Mangold waschen und gut abtropfen lassen. Mangoldblätter in kochendem Salzwasser ca. 15 Sekunden blanchieren, abgießen, abschrecken und gut abtropfen lassen. Blätter zwischen 2 nasse Küchentücher legen, kalt stellen, dann plattieren, damit die Blätter sehr trocken und glatt werden.

2. Ein Viertel der Fischwürfel in die Küchenmaschine geben, leicht mit Salz würzen und mit etwas Sahne fein zerkleinern. Die Masse herausnehmen, in eine Schüssel geben und kalt stellen. Nach und nach die restlichen Fischwürfel zur glatten, homogenen Farce zerkleinern, dabei die restliche Sahne und das Ei unterarbeiten. Fischmasse mischen und durch ein feines Haarsieb streichen. Farce mit Salz und Cayenne würzen, 30 Minuten kalt stellen. Dill abzupfen und fein hacken. Zur Probe eine kleine Nocke mit einem feuchten Löffel aus der Masse ausstechen und in siedendem Salzwasser ca. 2 Minuten garen. Konsistenz und Geschmack prüfen, Farce eventuell nachwürzen.

3. Für den Lachskern 80–100 g der Farce abnehmen. Lachs mit Salz würzen, mit dem restlichen Zitronensaft beträufeln. Mangoldblätter begradigen und mit 40–50 g der abgenommenen Farce bestreichen. Lachs mittig auf die Farce legen und mit den restlichen 40–50 g Farce bedecken. Lachs in den Mangoldblättern einrollen, verschließen. Restliche Farce mit Dill, Senfsaat und Mango verrühren.

4. Eine verschließbare Terrinenform (ca. 1,3 l Inhalt) überstehend mit Klarsichtfolie auslegen. Die Hälfte der Farce in die Form geben, Lachs mittig darauflegen, leicht hineindrücken. Lachs mit der restlichen Farce bedecken, Farce glatt streichen. Form mehrmals auf die Arbeitsfläche stoßen, damit Luftblasen entweichen. Farce mit der Folie zudecken, Terrine verschließen.

5. 2 l Wasser aufkochen. Terrine in einen Bräter stellen, das heiße Wasser in den Bräter gießen. Terrine im vorgeheizten Backofen auf der 2. Schiene von unten bei 160 Grad (Gas 1–2, Umluft 160 Grad) 45 Minuten garen. Terrine herausnehmen, abkühlen lassen und über Nacht kalt stellen. Am nächsten Tag die Terrine vorsichtig mit der Folie aus der Form lösen, dann die Folie entfernen. Terrine in Scheiben schneiden.

■ **Einfach**   ■ Raffiniert
■ Schnell   ■ **Gut vorzubereiten**

Für 8–10 Portionen

■ 600 g Zanderfilet (ohne Haut und Gräten)
  3 El Zitronensaft
  3 El Wermut
  2 Tl Senfkörner
  ½ Mango (ca. 180 g)
  2 große Mangoldblätter (à 50 g)
  Salz
  500 ml Schlagsahne
  1 Ei (Kl. M)
  Cayennepfeffer
  3 Stiele Dill
  160 g Lachsfilet (aus dem Mittelstück; ca. 22 cm lang, 3 cm dick)

■ **Zubereitungszeit**
  1 Stunde 45 Minuten (plus Kühlzeiten)

Thunfisch
mit Fenchelcreme

■ Einfach   ■ **Raffiniert**
■ Schnell   ■ Gut vorzubereiten

Für 4 Portionen

■ 800 g Fenchel mit Grün
  1–2 El Zitronensaft
  100 g Zwiebeln
  1 Knoblauchzehe
  80 g Kartoffeln
  10 El Olivenöl
  (Geschmack: intensiv, leicht bitter)
  Salz
  Zucker
  100 ml trockener Wermut
  150 ml Schlagsahne
  400 ml Gemüsefond
  50 ml Weißwein
  500 g sehr frisches Thunfischfilet
  Pfeffer

■ **Zubereitungszeit**
  50 Minuten

1. Fenchel putzen, Fenchelgrün in kaltes Wasser legen. Strunk keilförmig herausschneiden. Fenchel in dünne Streifen schneiden, mit Zitronensaft mischen. Zwiebeln fein schneiden. Knoblauch fein hacken. Kartoffeln schälen und fein schneiden.

2. 4 El Öl in einem Topf erhitzen, ein Drittel vom Fenchel, Zwiebeln, Knoblauch und Kartoffeln darin bei mittlerer Hitze 2–3 Minuten andünsten, mit Salz und 1 Prise Zucker würzen. Mit Wermut auffüllen und stark einkochen lassen. Sahne, Fond und 150 ml Wasser zugießen und das Gemüse zugedeckt 20–25 Minuten kochen.

3. Das Gemüse in einem Mixer fein pürieren und leicht nachwürzen. Fenchelcreme bei milder Hitze warm halten. Restlichen Fenchel in 2 El Öl in einem zweiten Topf bei milder Hitze 2 Minuten dünsten, mit Salz und 1 Prise Zucker würzen. Weißwein und 100 ml Wasser zugeben, alles offen 5–6 Minuten leise kochen lassen, bis die Flüssigkeit fast verkocht ist.

4. Thunfisch in 4 gleich große Stücke (à ca. 125 g) schneiden. 2–3 El Öl in einer beschichteten Pfanne erhitzen. Thunfischstücke mit Salz und Pfeffer würzen und im Öl bei starker Hitze 15 Sekunden auf jeder Seite braten. Thunfisch herausnehmen und in Scheiben schneiden.

5. Fenchelgrün grob schneiden und unter den gedünsteten Fenchel heben. Fenchel, Thunfisch und Fenchelcreme in vorgewärmte Teller geben, mit dem restlichen Öl beträufelt sofort servieren.

★**Tipp** Fenchel ist ein wunderbares Gemüse, aber mit seinem Anisaroma nicht unbedingt mehrheitsfähig. Wenn Sie also für andere kochen, klären Sie besser vorher ab, ob Fenchel ins Geschmacksmuster passt.

Rauchaaltorte mit Apfelgelee

Für 6–8 Portionen

▪ **Torte**

1 geräucherter Aal (300–350 g)
2 Schalotten (ca. 60 g)
1 kleine Fenchelknolle (mit Grün)
10 g Butter
3 El Wermut
100 ml Weißwein
400 ml Schlagsahne
Salz
Pfeffer
4 Blatt weiße Gelatine
150 g Vollmilchjoghurt
3 Tl Tafel-Meerrettich

▪ **Apfelgelee**

4 Blatt weiße Gelatine
1 säuerlicher Apfel (z. B. Boskop)
70 ml Weißwein
150 ml Apfelsaft
Salz
1–2 El Apfelbrand

▪ **Zubereitungszeit**

1 Stunde 30 Minuten (plus Kühlzeiten)

1. Für die Torte Haut vom Aal abziehen und die Filets von der Gräte schneiden (ggf. vom Fischhändler schneiden lassen; Gräten, Haut und Kopf mitgeben lassen). Haut, Kopf und Gräten beiseitestellen. Aalfilets in je zwei 16 cm und 12 cm lange Stücke schneiden. Restliche Filets in 1 cm große Stücke schneiden. Den Boden einer Springform (18 cm Ø) mit Klarsichtfolie auslegen, mit den 1 cm großen Aalstücken belegen. Kalt stellen.

2. Schalotten würfeln. Fenchel putzen, das Grün beiseitestellen. Fenchel grob würfeln. Butter in einem Topf erhitzen, die Schalotten- und Fenchelwürfel 2–3 Minuten dünsten. Mit Wermut ablöschen, mit Wein auffüllen und auf die Hälfte einkochen. Mit 250 ml Sahne auffüllen, Aalhaut, -kopf und -gräten zugeben. Bei mittlerer Hitze 5 Minuten kochen lassen. Mit Salz und Pfeffer würzen, vom Herd nehmen und 20 Minuten ziehen lassen. Inzwischen die Gelatine in kaltem Wasser einweichen. Ca. ¾ vom Fenchelgrün fein hacken. Lauwarme Rauchaalsahne durch ein Sieb in eine Schale gießen. Ausgedrückte Gelatine darin auflösen. Joghurt und Meerrettich zugeben und glatt rühren. Gehacktes Fenchelgrün zugeben. Kalt stellen, bis die Masse leicht zu gelieren beginnt.

3. Restliche Sahne steif schlagen und nach und nach vorsichtig unter die leicht gelierte Aalsahne heben. Aal-Mousse in die Form füllen und die Oberfläche mit den restlichen zurechtgeschnittenen Aalfilets belegen, dabei leicht andrücken. Mindestens 5 Stunden, am besten über Nacht, kalt stellen.

4. Für das Gelee die Gelatine in kaltem Wasser einweichen. Apfel grob raspeln und in einen kleinen Topf geben. Wein, Apfelsaft und 1 Prise Salz zugeben und bei mittlerer Hitze 5 Minuten kochen lassen. Durch ein feines Küchensieb in eine Schale gießen und den Apfelbrand zugeben. Ausgedrückte Gelatine im Apfelsud auflösen. Eine Form (12 x 12 cm, 3–4 cm hoch) mit Klarsichtfolie auslegen und den Apfelsud hineingießen. Mindestens 5 Stunden, am besten über Nacht, kalt stellen.

5. Aaltorte mit einem kleinen Küchenmesser vom Formrand lösen und die Form vorsichtig entfernen. Auf die Aaltorte eine flache Tortenplatte legen und behutsam wenden. Vorsichtig den Springformboden mit der Klarsichtfolie entfernen.

6. Das Apfelgelee mit der Klarsichtfolie aus der Form stürzen. Folie entfernen und das Gelee mit einem großen Küchenmesser fein hacken. Gelee auf der Rauchaaltorte verteilen und mit dem restlichen Fenchelgrün garnieren. Dazu passen Bratkartoffeln.

Hummersalat mit roter Linsen-Vinaigrette

1. Hummerscheren und -schwanz mit drehenden Bewegungen vom Rumpf trennen. Hummerschwanz der Länge nach halbieren. Fleisch auslösen und den schwarzen Darm entfernen. Gelenke von den Scheren trennen, mit einer Küchenschere an den Außenseiten aufschneiden, mithilfe eines Küchentuchs auseinanderbiegen, das Fleisch auslösen. Scherenfinger nach oben abziehen, dabei das Chitinblatt am Panzer lassen. Scheren und Scherenfinger mit einem schweren Messerrücken anschlagen, das Fleisch ebenfalls auslösen. Hummerfleisch kalt abspülen, trockentupfen, in eine hitzebeständige Arbeitsschale legen und abgedeckt kalt stellen.

2. Linsen im Sieb kalt abspülen, in kochendes Salzwasser geben und bei milder Hitze 5–6 Minuten offen kochen lassen. Danach durch ein Sieb abgießen, abschrecken und abtropfen lassen. Den Stielansatz der Tomaten keilförmig herausschneiden. Tomaten 30 Sekunden blanchieren, abschrecken, häuten, vierteln und die Kerne entfernen. Tomatenfleisch in sehr kleine Würfel schneiden. Frühlingszwiebeln putzen, das Weiße und Hellgrüne schräg in sehr feine Ringe schneiden. Friséesalat putzen, das Hellgrüne in mundgerechte Stücke zupfen. Salat waschen und trockenschleudern.

3. Backofen auf 150 Grad vorheizen. Aus Weißweinessig, Salz, Pfeffer, 1 Prise Zucker, je 5 El Olivenöl und Öl eine Vinaigrette rühren. Die Hälfte davon mit den Linsen mischen, den Rest über die Hummerstücke geben.

4. Für das Estragonöl Estragonblätter von den Stielen zupfen, hacken und mit getrocknetem Estragon, Salz, Pfeffer, restlichem Öl und Olivenöl sowie 3 El Wasser in einem Blitzhacker sehr fein pürieren. Den Estragonessig erst kurz vorm Servieren unterrühren. Abgedeckt beiseitestellen.

5. Die Hummerstücke in der Vinaigrette wenden und im Backofen auf der 2. Schiene von unten 4–5 Minuten erwärmen (Gas 1, Umluft nicht empfehlenswert). Friséesalat jeweils in die Mitte eines Tellers setzen. Die erwärmten Hummerstücke abtropfen lassen und um den Salat herum verteilen. Erwärmte Vinaigrette mit der Linsen-Vinaigrette verrühren, Tomatenstücke und Frühlingszwiebeln unterrühren, auf Hummer und Salatblättern verteilen. Zum Schluss jeweils etwas Estragonöl über die Hummerstücke geben.

- Einfach
- Schnell
- **Raffiniert**
- **Gut vorzubereiten**

Für 4 Portionen

- 2 Hummer (à 500 g, beim Händler abgekocht vorbestellen)
  40 g rote Linsen
  Salz
  2 Tomaten
  2 Frühlingszwiebeln
  1 kleiner Friséesalat
  4 El Weißweinessig
  weißer Pfeffer
  Zucker
  6 El Olivenöl
  10 El Öl
  ½ Bund Estragon (30 g)
  1 Tl getrockneter Estragon
  1 Tl Estragonessig

- **Zubereitungszeit**
  1 Stunde

Suppen & Eintöpfe

Die Süßkartoffelsuppe finden
Sie auf Seite 54.

Kalte Süßkartoffelsuppe mit Zander

■ Einfach   ■ **Raffiniert**
■ Schnell   ■ Gut vorzubereiten

Für 4–6 Portionen

■ **Zander**

30 g frischer Ingwer
1 Knoblauchzehe
1 Bund Kerbel (ca. 25 g)
4 El trockener Sherry
4 El Aceto balsamico bianco
11 El Olivenöl
1 Tl Sesamöl
1 Tl Zucker
Salz
1 Tl schwarzer Pfeffer (grob gemahlen)
600 g Zanderfilet (mit Haut)
2 El Mehl

■ **Süßkartoffel-Zitronen-Suppe**

400 g Gemüsezwiebeln
400 g Süßkartoffeln
1 Bio-Zitrone
3 El Öl
3-4 El trockener Wermut
200 ml trockener Weißwein
500 ml Geflügelfond
200 ml Schlagsahne
Salz
Pfeffer
Muskat

■ **Zubereitungszeit**

1 Stunde (plus Marinier- und Kühlzeit)

1.   Ingwer schälen und mit dem Knoblauch und 20 g Kerbel sehr fein hacken. Sherry, Essig, 9 El Olivenöl, Sesamöl, Zucker, ½ Tl Salz und Pfeffer verrühren. Ingwer, Knoblauch und Kerbel zugeben und gut verrühren. 4 El abnehmen und beiseitestellen. Restliches Dressing in eine flache Schale geben und gleichmäßig verteilen. Zanderfilets in 12 gleich große Stücke schneiden, mehrmals auf der Hautseite einschneiden und mit der Fleischseite in das Dressing legen. Mit Klarsichtfolie abdecken und 3 Stunden marinieren.

2.   Für die Suppe die Gemüsezwiebeln in Würfel schneiden. Süßkartoffeln schälen und in 1–2 cm große Stücke schneiden. Zitrone unter heißem Wasser waschen und trockenreiben. Zitronenschale auf der Küchenreibe fein abreiben. Zitronensaft auspressen.

3.   Öl in einem Topf erhitzen und die Zwiebeln darin bei mittlerer Hitze glasig dünsten. Mit Wermut ablöschen. Mit Wein auffüllen und 2–3 Minuten leise kochen lassen. Geflügelfond, Sahne und Süßkartoffeln zugeben und zugedeckt bei mittlerer Hitze 15 Minuten kochen lassen. Mit dem Schneidstab sehr fein pürieren. 2–3 El Zitronensaft und die Zitronenschale zugeben und untermixen. Mit Salz, Pfeffer und etwas Muskat abschmecken. Mindestens 3 Stunden kalt stellen.

4.   2 El Olivenöl in einer beschichteten Pfanne erhitzen. Die Fischfilets aus der Marinade nehmen, etwas abtropfen lassen und mit der Hautseite in Mehl legen. Überschüssiges Mehl abklopfen und mit der Hautseite in die Pfanne legen. Bei starker Hitze in 3–4 Minuten knusprig braten. Pfanne vom Herd nehmen, Fisch vorsichtig wenden und 1 Minute gar ziehen lassen.

5.   Die kalte Suppe in tiefe Teller füllen und mit der restlichen beiseitegestellten Marinade beträufeln. Zanderfilets auf einem flachen Teller anrichten und mit dem restlichen Kerbel garniert sofort servieren.

Das Foto zu diesem Rezept finden Sie auf Seite 52.

Paprikasuppe mit gedämpfter Forelle und Ingwer

1. Zwiebel, Staudensellerie und Möhre putzen, schälen und fein würfeln. Paprika vierteln, entkernen und grob schneiden. Kartoffeln schälen und grob würfeln. Öl in einem Topf erhitzen. Zwiebeln, Sellerie und Möhren darin bei mittlerer Hitze 15 Minuten offen glasig dünsten. Kartoffeln und Paprika zugeben und kurz mitdünsten. Mit Kalbsfond auffüllen, aufkochen und offen 25 Minuten bei kleiner Hitze garen. Die Suppe mit dem Schneidstab sehr fein pürieren, durch ein Sieb streichen, mit Salz und Pfeffer abschmecken. Lorbeer und Milch zugeben. 30 Minuten ziehen lassen.

2. Von der Forelle Kopf, Schwanz- und Rückenflosse abschneiden. 20 g Ingwer mit Schale in Scheiben schneiden. ½ Bund Koriandergrün mit Stielen grob hacken. Zitrone in dünne Scheiben schneiden. Forelle in einen Siebeinsatz legen. Die Bauchhöhle mit Meersalz würzen. Ingwerscheiben, Koriander und Zitronenscheiben in die Bauchhöhle geben. Restlichen Ingwer sehr fein hacken und mit 4 El Olivenöl mischen. Brotscheiben in 2 Portionen in einer Pfanne in jeweils 2 El Olivenöl goldbraun braten. Auf Küchenpapier abtropfen lassen und mit den Knoblauchzehen einreiben.

3. Forelle im Dampfgargerät bei 85 Grad auf der mittleren Schiene 10 Minuten garen (ersatzweise in einem länglichen Topf mit Deckel und Siebeinsatz im Wasserdampf). Paprikasuppe erwärmen, Lorbeerblatt entfernen.

4. Forelle aus dem Dämpfeinsatz nehmen. Zunächst die Haut vorsichtig abziehen. Die Füllung aus dem Bauch entfernen. Das Filet mit einem Löffel von der Mitte her in 2 langen Stücken von den Gräten schieben. Mittelgräte vorsichtig abziehen. Unteres Filet von der Haut nehmen, dabei eventuell vorhandene Gräten von den Bauchlappen entfernen. Die Filets quer halbieren (ergibt 8 Stücke) und auf die Brotscheiben legen. 4 belegte Forellenbrote warm halten.

5. Die Hälfte der Suppe in 4 Tellern mit je 1 belegten Forellenbrot anrichten. Suppe und Fisch mit Ingweröl beträufeln und mit grobem Salz würzen. Mit abgezupftem Koriandergrün servieren. Mit der anderen Hälfte der Suppe ebenso verfahren.

✴ Tipp Als Vorspeise können Sie diese Fischsuppe für 8 Personen kalkulieren. Als Hauptgang empfehlen sich zwei Teller pro Person.

■ **Einfach**   ■ **Raffiniert**
■ Schnell   ■ Gut vorzubereiten

Für 4–8 Portionen

■ **Suppe**

1 Zwiebel
2 Stangen Staudensellerie
1 Möhre
3 gelbe Paprikaschoten (à 180 g)
150 g Kartoffeln
5 El Olivenöl
1,2 l Kalbsfond
Salz
weißer Pfeffer
1 Lorbeerblatt
150 ml Vollmilch

■ **Einlage**

1 Lachsforelle (700 g, küchenfertig, ausgenommen)
40 g frischer Ingwer
1 Bund Koriandergrün
½ Bio-Zitrone
grobes Meersalz
8 El Olivenöl
8 dünne Scheiben Baguette
2 kleine Knoblauchzehen

■ **Zubereitungszeit**

1 Stunde 30 Minuten

Fischsuppe mit
Aïoli und Gemüse

■ Einfach   ■ Raffiniert

■ Schnell   ■ Gut vorzubereiten

Für 6 Portionen

■ **Aïoli**

3 Eigelb (Kl. M)
Salz
Zucker
1½ El Zitronensaft
80 ml Öl
80 ml Olivenöl
3–4 Knoblauchzehen

■ **Fischsuppe**

400 g Heilbuttfilet (ohne Haut)
400 g Bachsaiblingsfilet (ohne Haut)
400 g Doradenfilets (ohne Haut)
8 Garnelen (ohne Kopf und Schale,
à 25 g–30 g)
2 Bund schlanke Frühlingszwiebeln
300 g schlanke Bundmöhren
250 g Kirschtomaten
Salz
1,5 l Fischfond
Cayennepfeffer
½ Bund Dill

■ **Zubereitungszeit**
1 Stunde 15 Minuten

1. Für die Aïoli Eigelb, ½ Tl Salz, 1 Prise Zucker und Zitronensaft in einen hohen Rührbecher geben. Mit den Quirlen des Handrührers cremig aufschlagen. Erst einige Tropfen Öl und Olivenöl unterschlagen, dann restliche Öle unter ständigem Rühren in dünnem Strahl zugießen und cremig aufschlagen. Knoblauch sehr fein hacken und mit 1 El Wasser unterrühren.

2. Für die Suppe die Fischfilets entgräten, putzen, dabei die dünnen Bauchlappen der Filets entfernen. Alle Fischfilets kalt abspülen, trockentupfen und schräg in 3 cm große Stücke schneiden. Die Garnelen entdarmen, ebenfalls kalt abspülen und trockentupfen.

3. Frühlingszwiebeln putzen, das Weiße und Hellgrüne schräg in 1,5 cm große Stücke schneiden. Möhren schälen, 1 cm vom Grün stehen lassen. Möhren längs halbieren und schräg in 1,5 cm große Stücke schneiden. Den Stielansatz der Tomaten vorsichtig keilförmig herausschneiden, die Tomaten 10 Sekunden in kochendem Wasser blanchieren, abschrecken und häuten. Die Hälfte der Tomaten halbieren. Möhren ebenfalls 5 Minuten in kochendem Salzwasser garen, abschrecken und abtropfen lassen.

4. Den Fischfond in einem breiten Topf erhitzen, aber nicht kochen. Möhren, Fischfilets, Garnelen und Frühlingszwiebeln in den heißen Fond geben und 15 Minuten bei milder bis mittlerer Hitze offen gar ziehen lassen (den Fond nicht umrühren und nicht sprudelnd kochen lassen). 5 Minuten vor Ende der Garzeit die Tomaten zugeben. Mit Salz und Cayennepfeffer würzen.

5. Den Dill von den Stielen zupfen, grob zerschneiden und zuletzt in die Suppe geben. Die Fischsuppe mit Aïoli servieren. Dazu passen geröstete Baguettescheiben.

Gazpacho mit
gratinierten Austern

1. Für den Gazpacho Zwiebeln und Knoblauch fein schneiden. Paprika putzen und entkernen. Sellerie putzen, waschen und entfädeln. Gurke putzen, schälen, längs halbieren und entkernen. Chili putzen. Alles fein schneiden. Tomaten über Kreuz leicht einschneiden, 10 Sekunden blanchieren, abschrecken und häuten. Tomaten vierteln und entkernen, dabei die Blütenansätze entfernen. Basilikumblätter von den Stielen zupfen.

2. Zwiebeln, Knoblauch, Paprika, Sellerie, Gurke, Chili, Tomaten und Basilikum in eine Schüssel geben, mit Öl, Essig, Salz, Pfeffer und 1 Prise Zucker würzen. Alles in 2 Portionen mit Tomatenmark und Fond in einem Küchenmixer fein pürieren. Suppe über Nacht kalt stellen, leicht nachwürzen. Gelatine in kaltem Wasser einweichen. Die Hälfte der Suppe in einem Topf erhitzen, Gelatine ausdrücken und darin auflösen. Warme und kalte Suppe mischen, auf 8 Serviergläser verteilen und 3–4 Stunden kalt stellen.

3. Für die Vinaigrette Gurke schälen, halbieren und entkernen. Paprika putzen, vierteln und entkernen. Sellerie putzen, waschen, entfädeln. Alles fein würfeln. Gemüsewürfel in einer Schüssel mit Öl und Essig mischen, mit Salz, Pfeffer und 1 Prise Zucker würzen. Butter in einer Pfanne schmelzen, Kakaopulver durch ein Sieb hineinstreichen. Die Brotscheiben unter dem vorgeheizten Backofengrill bei 250 Grad auf der obersten Schiene goldbraun backen. Brotscheiben jeweils mit einer Seite durch die flüssige Kakaobutter ziehen, abkühlen lassen.

4. Für die Austern Butter in einem kleinen Topf bei mittlerer Hitze so lange erhitzen, bis sich die Molke am Topfboden abgesetzt hat und leicht gebräunt ist. Sofort durch ein mit einem Mulltuch ausgelegtes Sieb gießen. Wein in einem Schlagkessel mit dem Eigelb verrühren. Im heißen Wasserbad cremig-dicklich aufschlagen, dabei mit Salz würzen. Geklärte Butter erwärmen, zuerst tropfenweise, dann zügig unter die Eimasse rühren. Sauce aus dem Wasserbad nehmen und warm halten. Ein Backblech mit reichlich grobem Meersalz bedecken, sodass die daraufgesetzten Austernhälften Halt haben. Die Austern direkt vor dem Servieren mit einem Austernöffner vorsichtig öffnen, die flachen Schalenhälften entfernen. Fleisch von den Schalen lösen, je ca. 1 El Sauce auf 1 Auster geben. Austern auf das vorbereitete Blech setzen und unter dem vorgeheizten Backofengrill bei 250 Grad auf der obersten Schiene in 2–3 Minuten goldbraun gratinieren.

5. Etwas Gemüse-Vinaigrette auf die Brotscheiben verteilen und mit dem Gazpacho und den gratinierten Austern servieren.

■ Einfach ■ Raffiniert
■ Schnell ■ Gut vorzubereiten

Für 8 Portionen

■ **Gazpacho**

80 g Zwiebeln
2 Knoblauchzehen
1–2 rote Paprikaschoten (400 g)
80 g Staudensellerie
200 g Salatgurke
1 rote Chilischote
500 g Strauchtomaten
4 Stiele Basilikum
4 El Olivenöl
2–3 El Weißweinessig
Salz, Pfeffer, Zucker
1 El Tomatenmark
100 ml Gemüsefond
3 Blatt weiße Gelatine

■ **Vinaigrette und Brot**

40 g Salatgurke
40 g rote Paprikaschote
40 g Staudensellerie
6 El Olivenöl
2–3 El Weißweinessig
Salz, Pfeffer, Zucker
60 g Butter
1 El Kakaopulver
8 dünne Scheiben Ciabatta

■ **Austern**

100 g Butter
60 ml Weißwein
2 Eigelb (Kl. M)
Salz, grobes Meersalz
8 frische Austern

■ **Zubereitungszeit**

1 Stunde 30 Minuten (plus Kühlzeiten)

Eine klare Sache

Der Aufwand ist relativ gering, das Ergebnis überzeugend: Selbst gemachter Fischfond ist mit gekauften Produkten nicht zu vergleichen. Sowohl preislich als auch qualitativ lohnt sich die eigene Herstellung. Und das Beste: Fischfond lässt sich hervorragend einfrieren, sodass man gleich größere Mengen auf Vorrat produzieren und dann portionsweise feinste Saucen mit ihm zaubern kann.

Fond vom Feinsten

Klassisch wird heller Fischfond aus den Karkassen, also Fischresten, von hellen Fischsorten, am besten Plattfischen, hergestellt. Dazu eignen sich die Gräten mit anhaftenden Fleischresten, Flossen und Köpfe ohne Kiemen – letztere würden den Fond bitter machen. Auch Innereien gehören auf keinen Fall in den Fond. Gräten von Fettfischen eignen sich nicht, weil sie die Flüssigkeit trüben.

Die Abfälle erhält man – oft sogar kostenlos – beim Fischhändler des Vertrauens oder beim Filetieren in der eigenen Küche. Entscheidend für die gute Qualität ist die Frische der Karkassen. Einen besonders edlen Fond erhält man aus den Resten von Seezunge oder Steinbutt, aber auch die Karkassen aller anderen weißfleischigen Fische eignen sich bestens.

Der Geschmack des Fischfonds wird runder, wenn Gemüse, Kräuter und Gewürze dazukommen. Da ein Fond immer nur eine Beigabe in einer Gesamtkomposition ist und häufig auch stark eingekocht wird, salzt man ihn nur ganz leicht. Wichtig beim Kochen ist, den hellen Schaum, der sich beim Erhitzen auf der Wasseroberfläche bildet, regelmäßig abzuschöpfen, damit der Fond klar bleibt.

Fischfond

Schnell und einfach – und für viele Saucen der unentbehrliche Aroma-Spender.

Ergibt ca. 1 Liter Fond:

180 g Fenchelknolle putzen, grob schneiden und das Fenchelgrün beiseitestellen. 100 g Porree putzen, nur das Weiße längs halbieren, klein schneiden, waschen und abtropfen lassen.

300 g Abschnitte und Gräten von weißfleischigen Fischen (z. B. Zander, Seeteufel, Steinbutt, Heilbutt) mit Fenchel, Porree, 200 ml Wermut (z. B. Noilly Prat) sowie

Tiefgefrorene Fischfond-Eiswürfel.

1 Tl hellen Senfkörnern, 10 Stielen Estragon, 2 Lorbeerblättern und 1,2 Liter Wasser in einen Topf geben, bei milder Hitze kurz aufkochen und offen 30 Minuten ganz schwach kochend ziehen lassen.

Fond durch ein mit einem Mulltuch ausgelegtes feines Sieb in einen zweiten Topf gießen, leicht salzen. Fond entweder direkt weiterverwenden oder tiefgefrieren.

Zubereitungszeit: 1 Stunde 20 Minuten

Eisgekühlt gut portioniert

Nach etwa 20 Minuten wird der Fond durch ein sehr feines Sieb oder ein Tuch abgeseiht und bei Bedarf noch häufiger geklärt. Die verbleibende klare Brühe wird dann noch weiter eingekocht, um das Aroma zu verdichten. Wenn die schmackhafte Flüssigkeit abgekühlt ist, nimmt man zunächst die Fettschicht ab, die sich eventuell an der Oberfläche abgesetzt hat. Der Fond lässt sich problemlos in Gefrierbeutel oder – praktisch für kleine Portionen – in einen Eiswürfelbereiter füllen und tiefkühlen. So hat man bei Bedarf seinen eigenen Fischfond in der passenden Menge immer zur Hand. Im Gefrierfach hält sich der Fond bis zu drei Monate, im Kühlschrank einige Tage.

Beste Reste *Aus sämtlichen Fischabfällen, mit Ausnahme von Kiemen und Innereien, lässt sich ganz leicht ein aromatischer Fischfond kochen.* *Estragon und Lorbeer, Porree und Fenchel geben ihm ein feines Aroma. Beim Ziehen die aufsteigenden Trübstoffe immer wieder abschöpfen!*

Spanische Fischsuppe Zarzuela

● **Einfach**   ● **Raffiniert**

● Schnell   ● Gut vorzubereiten

Für 8 Portionen

● **Suppe**

500 g gemischtes Gemüse (Möhren,
Staudensellerie, Fenchel)
150 g Zwiebeln
5 Knoblauchzehen
600 g Schellfischkoteletts (küchenfertig)
1 kg frische Langustinos
1 kg Tomaten
8 El Olivenöl
1 El Tomatenmark
100 ml Weißwein
50 ml trockener weißer Wermut
1 Dose Tomaten (400 g EW)
je 2 Lorbeerblätter und Nelken
je 1 Rosmarinzweig und Sternanis
1 Tl Fenchelsaat, 2 Stiele Basilikum
1 rote Chilischote, 2 Tl Meersalz
300 g Kartoffeln

● **Einlage**

200 g Zwiebeln
80 g Staudensellerie
100 g Möhren
200 g Fenchel
6 El Olivenöl
0,2 g Safranfäden
Meersalz, Pfeffer
2–3 El Zitronensaft
500 g frische Venusmuscheln
2 El Öl
50 ml Weißwein
250 g Sepia (küchenfertig, in Ringen)
8 Doradenfilets (à 60 g, küchenfertig)
2 Stiele Basilikum

● **Zubereitungszeit** 3 Stunden

1. Für die Suppe das Gemüse klein würfeln. Zwiebeln und Knoblauch grob hacken. Den Schellfisch in grobe Stücke schneiden. Langustino-Schwänze vom Kopf drehen, das Fleisch auslösen, Schalen beiseitelegen, Därme entfernen. Die Köpfe gründlich auswaschen und sehr gut abtropfen lassen. Langustino-Fleisch bis zur Verwendung kühl stellen. Tomaten waschen und grob zerschneiden. Olivenöl in einem großen breiten Topf erhitzen. Langustino-Köpfe und -Schalen 10 Minuten bei mittlerer Hitze darin rösten.

2. Vorbereitetes Gemüse, Zwiebeln und Knoblauch in den Topf geben und 10 Minuten mitrösten. Fischstücke zugeben, Tomatenmark einrühren und alles mit Weißwein und Wermut ablösen. Mit 3 l kaltem Wasser auffüllen. Tomaten, Dosentomaten und Lorbeer, Nelken, Rosmarin, Sternanis, Fenchelsaat, Basilikum, Chili und Meersalz dazugeben. Einmal offen aufkochen, dann bei milder Hitze 45 Minuten kochen lassen. Die Kartoffeln schälen, fein reiben und nach 15 Minuten in die Suppe geben.

3. Langustino-Köpfe aus der Suppe nehmen. Dann die Suppe durch ein grobes Sieb in einen Topf streichen und offen auf ca. 2,5 l sämig einkochen lassen.

4. Für die Einlage Zwiebeln, Sellerie, Möhren und Fenchel putzen und sehr fein würfeln. Gemüsewürfel in einem großen Topf in 5 El Olivenöl bei milder Hitze 15 Minuten glasig andünsten. Mit der Fischsuppe auffüllen, Safran zugeben und 15 Minuten kochen lassen. Herzhaft mit Salz, Pfeffer und Zitronensaft abschmecken.

5. Die Muscheln sorgfältig verlesen. Offene und beschädigte wegwerfen. In einem Topf das Öl stark erhitzen. Die Muscheln dazugeben, mit Weißwein ablösen, den Deckel auflegen und 10 Minuten garen, bis alle Muscheln geöffnet sind; geschlossene Muscheln aussortieren und wegwerfen.

6. Sepia, Dorade und Basilikum in die heiße Suppe geben und 5–6 Minuten darin gar ziehen lassen. Kurz vorm Servieren die Muscheln mit in die Suppe geben. Restliches Olivenöl in einer Pfanne erhitzen. Langustinos mit Salz und Pfeffer würzen und bei mittlerer Hitze 2–3 Minuten darin braten.

7. Zum Servieren die Langustinos auf Teller verteilen und mit Fischsuppe auffüllen. Dazu passen in Meersalz gekochte kleine Kartoffeln mit Schale.

Blumenkohlsuppe
mit Flusskrebsen

1. Für die Glace die Flusskrebse ausbrechen, Schwanzstück vom Kopf durch leichtes Drehen lösen. Krebsköpfe kalt ausspülen und abtropfen lassen. Dann das Krebsfleisch aus dem Panzer lösen, dazu das Schwanzstück an den Seiten leicht nach außen brechen, das Fleisch vorsichtig aus dem Panzer ziehen. Krebsschwänze am Rücken leicht einschneiden, den Darm entfernen. Krebsschwänze kalt stellen.

2. Möhren putzen, schälen und fein würfeln. Sellerie putzen, waschen und fein würfeln. Zwiebeln fein würfeln. Öl in einem Topf erhitzen. Panzer und Köpfe darin bei mittlerer Hitze 10 Minuten rösten. Möhren, Sellerie und Zwiebeln zugeben, weitere 10 Minuten rösten. Mit Wein ablöschen und stark einkochen lassen. Mit Fond und 1 l kaltem Wasser auffüllen, offen bei milder Hitze 45 Minuten leise kochen lassen, dabei die Trübstoffe von der Oberfläche entfernen. Fond durch ein mit einem Malltuch ausgelegtes Spitzsieb in einen zweiten Topf gießen. Fond bei mittlerer Hitze auf 6 El Glace sämig einkochen lassen.

3. Für die Suppe die Schalotten fein würfeln. Blumenkohl putzen, Strunk und Blätter entfernen. 400 g Blumenkohl fein schneiden, restlichen in kleine Röschen teilen. Blumenkohlröschen in kochendem Salzwasser in 3–4 Minuten leicht bissfest garen, in ein Sieb geben, abschrecken, abtropfen lassen, kalt stellen.

4. 20 g Butter in einem Topf schmelzen lassen, Schalotten darin bei mittlerer Hitze 3–4 Minuten glasig dünsten. Restlichen Blumenkohl zugeben, 3–4 Minuten mitdünsten, mit Salz und 1 Prise Zucker würzen. Zitronensaft, Pernod, Sahne, Milch und 200 ml Wasser zugeben, offen bei milder Hitze 15–20 Minuten kochen lassen. In einem Küchenmixer fein pürieren und in einen Topf geben.

5. Kerbelblätter von den Stielen zupfen. Suppe erwärmen. Restliche Butter in einer Pfanne erwärmen, Blumenkohlröschen darin bei mittlerer Hitze 1 Minute erwärmen. Krebse zugeben und erwärmen. Suppe in Tassen geben, Blumenkohl, Krebse und Kerbel daraufgeben. Mit Glace beträufeln.

■ Einfach   ■ Raffiniert
■ Schnell   ■ Gut vorzubereiten

Für 4 Portionen

■ **Flusskrebse und Glace**

12 gekochte Flusskrebse
(beim Fischhändler vorbestellen)
90 g Möhren
130 g Staudensellerie
100 g Zwiebeln
3 El Öl
100 ml Weißwein
400 ml Fischfond

■ **Blumenkohlsuppe**

70 g Schalotten
500 g Blumenkohl
Salz
30 g Butter
Zucker
1–2 El Zitronensaft
2–3 El Pernod
150 ml Schlagsahne
500 ml Milch
4 Stiele Kerbel

■ **Zubereitungszeit**
2 Stunden 30 Minuten

Kartoffel-Porree-Suppe
mit Thunfisch-Mousse

■ **Einfach** ■ **Raffiniert**
■ Schnell ■ Gut vorzubereiten

Für 4–6 Portionen

■ **Mousse**

3 Blatt weiße Gelatine
2 Dosen Thunfisch (in Öl, à 185 g)
2 Tl mittelscharfer Senf
2 Sardellenfilets (in Öl, abgetropft)
2 El Kapern (abgetropft)
400 ml Schlagsahne
4 El trockener Sherry
Salz
Pfeffer
Chilipulver
1 El Zitronensaft

■ **Kartoffel-Porree-Suppe**

100 g Schalotten
1 Knoblauchzehe
1 Chilischote
600 g Kartoffeln
400 g Porree
20 g Butter
1,2 l Kalbsfond
200 ml Schlagsahne
Salz
Pfeffer
4 Stiele Kerbel

■ **Zubereitungszeit**
1 Stunde 20 Minuten (plus Kühlzeit)

1. Gelatine kalt einweichen. Thunfisch mit Öl, Senf, Sardellen, 1 El Kapern, 200 ml Sahne und Sherry im Mixer sehr fein pürieren. Mit Salz, Pfeffer, Chilipulver und Zitronensaft abschmecken.

2. 4 El Sahne lauwarm erwärmen, die ausgedrückte Gelatine darin auflösen und unter das Thunfischpüree mixen. Thunfischpüree durch ein feines Sieb in eine Schale streichen, 10–15 Minuten kalt stellen, bis es leicht zu gelieren beginnt.

3. Restliche Sahne steif schlagen und mit einem Teigschaber nach und nach vorsichtig unter das Thunfischpüree heben. Mit Klarsichtfolie abdecken und mindestens 4 Stunden, am besten über Nacht, kalt stellen.

4. Für die Kartoffel-Porree-Suppe Schalotten und die Knoblauchzehe grob würfeln. Von der Chilischote den Stiel abschneiden und die Schote mit Kernen grob hacken. Kartoffeln schälen und waschen, Porree putzen und waschen, anschließend beides in grobe Stücke schneiden.

5. Die Butter in einem Topf erhitzen, Schalotten- und Knoblauchwürfel sowie die gehackte Chilischote darin glasig dünsten. Kartoffel- und Porreestücke dazugeben, kurz mitdünsten. Mit Fond und Sahne auffüllen und alles bei mittlerer Hitze 20–25 Minuten zugedeckt kochen.

6. Die Kartoffel-Porree-Suppe mit dem Schneidstab sehr fein pürieren und durch ein feines Küchensieb in einen zweiten Topf streichen. Kurz aufkochen lassen, mit Salz und Pfeffer abschmecken.

7. Die restlichen Kapern fein hacken. Aus der Mousse 4–6 Nocken mit einem Esslöffel ausstechen und mit den Kapern auf kleinen Tellern anrichten. Die Kartoffel-Porree-Suppe in Suppenschalen füllen und mit abgezupften Kerbelblättern garnieren. Mit der Thunfisch-Mousse servieren.

Spanischer Fischeintopf Caldereta

1. Mandeln und Pinienkerne in einer Pfanne ohne Fett hellbraun rösten und abkühlen lassen. Im Blitzhacker mit Minze- und Petersilienblättern sowie ½ Tl Paprikapulver grob hacken.

2. Schalotten, Möhren, Sellerie und Knoblauch sehr fein würfeln, das Selleriegrün beiseitelegen. Gemüsewürfel in einem großen Topf oder Bräter 20 Minuten im Olivenöl bei milder Hitze ohne Farbe dünsten.

3. Inzwischen die Kartoffeln schälen. 1 Kartoffel in kaltes Wasser gelegt beiseitestellen. Restliche Kartoffeln in 3–4 cm große Stücke schneiden. Paprikaschoten putzen, vierteln, entkernen und klein schneiden. Die Chilischote längs einschneiden und entkernen. Stielansatz aus den Tomaten schneiden, Tomaten klein schneiden.

4. Kartoffelstücke, Paprika und Chili in den Topf zum Gemüse geben. Mit dem restlichen Paprikapulver bestäuben und kurz mitrösten. Tomatenmark unterrühren. Mit Rotwein ablöschen und mit Fischfond auffüllen. Lorbeer zugeben und alles mit Salz und Pfeffer würzen.

5. Restliche Kartoffel fein reiben und in den Eintopf geben. Eintopf aufkochen und die Hitze reduzieren. Tomatenstücke und Thymian zugeben. Bei mittlerer Hitze offen 40 Minuten garen, bis der Eintopf leicht gebunden ist und die Kartoffeln knapp gar sind.

6. Die ganzen Rotbarben und die Meeräschenfilets mit Salz und Pfeffer würzen. So in den Eintopf legen, dass sie vollständig mit Sud und Gemüse bedeckt sind. Bei sehr milder Hitze ca. 10 Minuten gar ziehen lassen. In tiefen Tellern anrichten, mit Selleriegrün bestreuen und mit der Mandelmischung servieren.

✷ Tipp Eine »Caldereta« ist ganz allgemein ein spanisches Eintopfgericht, meist, wie in diesem Rezept, auf Fischbasis.

- **Einfach**   **Raffiniert**
- Schnell   Gut vorzubereiten

Für 4 Portionen

- 30 g Mandelkerne (gehäutet)
- 20 g Pinienkerne
- 2 Stiele Minze
- 3 Stiele krause Petersilie
- 1½ Tl edelsüßes Paprikapulver
- 2 Schalotten
- 2 Möhren
- 140 g Staudensellerie
- 1 Knoblauchzehe
- 8 El Olivenöl
- 650 g Kartoffeln
- 2 rote Paprikaschoten
- 1 kleine Chilischote
- 250 g Tomaten
- 2 Tl Tomatenmark
- 100 ml Rotwein
- 1 l Fischfond
- 2 Lorbeerblätter
- Salz
- Pfeffer
- 2 kleine Stiele Thymian
- 4 Rotbarben (à 100 g, küchenfertig geschuppt und ausgenommen)
- 4 Meeräschenfilets (küchenfertig, mit Haut, ohne Gräten; ersatzweise Wolfsbarschfilets)

Zubereitungszeit
1 Stunde 30 Minuten

Dünsten, Dämpfen & Pochieren

Den Curry-Gemüse-Couscous finden Sie auf Seite 70.

Rotzungenfiletröllchen auf Curry-Gemüse-Couscous

Für 4 Portionen

- 1 rote Paprikaschote
- 1 orangefarbene Paprikaschote
- 2 Knoblauchzehen
- 8 Rotzungenfilets (à 60 g)
- Salz
- 2-3 Tl Zitronensaft
- 2 El Olivenöl
- 200 g TK-Erbsen
- 2 El Madras-Currypulver
- Pfeffer
- 270 ml Brühe
- 170 g Couscous
- 3 Frühlingszwiebeln

- **Außerdem**
  Holzspieße

- **Zubereitungszeit**
  45 Minuten

1. Paprikaschoten vierteln, entkernen und 1 cm groß würfeln. Knoblauch in dünne Scheiben schneiden.

2. Die Fischfilets mit der Hautseite nach oben auf die Arbeitsfläche legen, mit Salz würzen und leicht mit dem Zitronensaft beträufeln. Die Filets zum dünnen Ende hin fest aufrollen und mit Holzspießen zusammenstecken.

3. Das Öl in einer Pfanne erhitzen, Paprika und Knoblauch bei mittlerer Hitze 3–4 Minuten andünsten. Erbsen und Currypulver dazugeben, mit Salz und Pfeffer würzen. Die Brühe zugießen und aufkochen. Fischfiletrollen hineingeben und zugedeckt 4 Minuten bei mittlerer Hitze dünsten.

4. Fischröllchen herausnehmen, den Couscous einstreuen und alles kurz aufkochen lassen. Fisch wieder hineingeben und alles auf der ausgeschalteten Kochstelle im geschlossenen Topf 5 Minuten quellen lassen.

5. Die Frühlingszwiebeln putzen und das Weiße und Hellgrüne in dünne Ringe schneiden. Am Ende der Garzeit den Couscous mit einer Gabel leicht auflockern. Mit den Frühlingszwiebeln bestreut servieren.

Das Foto zu diesem Rezept finden Sie auf Seite 68.

Gedämpfte Forelle
mit Pesto und Bacon

1. Bacon quer in dünne Streifen schneiden und in einer Pfanne ohne Fett bei mittlerer Hitze knusprig braten. Auf Küchenpapier abtropfen lassen.

2. Für die Vinaigrette Essig mit 2 El Olivenöl verrühren und mit Salz, Pfeffer und 1 Prise Zucker würzen. Tomaten achteln, Schalotte fein würfeln und zugeben.

3. Koriandersaat in einer Pfanne ohne Fett anrösten, abkühlen lassen und im Mörser grob zerstoßen.

4. Für den Pesto Blätter von je 2 Kräuterstielen abzupfen und sehr fein hacken. 2 El Olivenöl und Zitronensaft mischen und mit Salz, Pfeffer und 1 Prise Zucker würzen. Kräuter untermischen. 1 Tl Koriandersaat abnehmen und zum Pesto geben. Blätter von den restlichen Kräuterstielen abzupfen.

5. Forelle waschen, trockentupfen, innen und außen mit Salz, Pfeffer und der restlichen Koriandersaat würzen. Knoblauchzehe halbieren, leicht andrücken. Forelle mit den restlichen Kräutern, Knoblauch und Zitronenscheiben füllen.

6. Spargel putzen, im unteren Drittel schälen. Kartoffeln schälen, in dünne Scheiben hobeln und mit Salz und dem restlichen Olivenöl mischen.

7. Kartoffelscheiben in den gelochten Dämpfeinsatz eines Dampfgarers geben und 10 Minuten bei 90 Grad dämpfen, dabei das ungelochte Blech darunterschieben. Spargel nach Ende der Garzeit auf die Kartoffeln legen. Forelle in den ungelochten Dämpfeinsatz legen, wieder darunterschieben und alles 10 Minuten bei 90 Grad dämpfen. Forellenfilets nach Ende der Garzeit von den Gräten lösen und mit Pesto und Speck anrichten. Kartoffelscheiben und Spargel mit der Tomaten-Vinaigrette dazu servieren.

■ Einfach ■ **Raffiniert**
■ Schnell ■ Gut vorzubereiten

Für 4 Portionen

■ 50 g Bacon
1 El Aceto balsamico
5 El Olivenöl
Salz
Pfeffer
Zucker
100 g Kirschtomaten
1 Schalotte
1 El Koriandersaat
6 Stiele Petersilie
6 Stiele Basilikum
6 Stiele Koriandergrün
6 Stiel Kerbel
1 Tl Zitronensaft
1 Forelle (ca. 500 g, küchenfertig)
1 Knoblauchzehe
3 Bio-Zitronenscheiben
500 g grüner Spargel
200 g festkochende Kartoffeln

■ **Zubereitungszeit**
1 Stunde

Dill-Lachs mit Graupengemüse

■ Einfach   ■ **Raffiniert**
■ Schnell   ■ Gut vorzubereiten

Für 8 Portionen

■ 60 g Schalotten
   1 kleine Fenchelknolle (ca. 140 g)
   10 g getrocknete Steinpilze
   6 El Olivenöl
   1 Bund Dill
   8 Lachsfilets (à 60 g,
   aus dem dicken Mittelstück)
   Pfeffer
   8 dünn geschnittene Bio-Zitronenscheiben
   2 El trockener Wermut
   200 g Perlgraupen
   550 ml Gemüsefond
   250 g TK-Erbsen
   Salz
   2–3 Tl Zitronensaft
   2 El Schnittlauchröllchen
   grobes Meersalz

■ **Zubereitungszeit**
   1 Stunde

1.   Schalotten und Fenchel putzen, fein würfeln. Steinpilze in 150 ml lauwarmem Wasser einweichen.

2.   Eine Form mit 2 El Olivenöl einstreichen. 2 grob geschnittene Dillstiele in der Form verteilen. Lachsfilets mit Pfeffer würzen und mit den Zitronenscheiben nebeneinander in die Form legen. Mit Wermut und 2 El Olivenöl beträufeln. Den grob geschnittenen Dill von 2 weiteren Stielen auf den Filets verteilen.

3.   Graupen waschen und abtropfen lassen. Steinpilze aus dem Einweichwasser nehmen, gut ausdrücken und grob hacken. Steinpilzwasser und Gemüsefond getrennt erhitzen. Restliches Olivenöl in einem Topf erhitzen. Schalotten, Fenchel und Graupen darin glasig andünsten. Steinpilze dazugeben und mit dem Steinpilzwasser auffüllen. Die Graupen darin 25–30 Minuten garen, dabei den Gemüsefond nach und nach dazugeben. Restlichen Dill von den Stielen zupfen.

4.   10 Minuten vor Ende der Garzeit den Lachs im vorgeheizten Ofen bei 160 Grad (Gas 1–2, Umluft nicht empfehlenswert) 6–8 Minuten auf der 2. Schiene von oben garen.

5.   Erbsen im Graupengemüse erwärmen. Mit Salz, Pfeffer und Zitronensaft abschmecken, Schnittlauchröllchen unterheben und das Graupengemüse in eine vorgewärmte Schüssel geben.

6.   Lachs aus dem Ofen nehmen und auf vorgewärmten Tellern anrichten. Die Flüssigkeit aus der Form zum Graupengemüse geben. Lachs mit Meersalz würzen, mit den Dillästchen und Zitronenscheiben garnieren und zu dem Graupengemüse servieren.

Lachsforellenragout
mit Krebsschwänzen

1. Für das Ragout die Krebsköpfe abdrehen, das Krebsfleisch aus den Schalen brechen und den Darm entfernen. Krebsköpfe gut ausspülen und abtropfen lassen. Schalotten fein würfeln. Möhren schälen, ein Drittel in kleine Würfel schneiden.

2. Butter in einem breiten Topf erhitzen und die Krebsschalen darin glasig dünsten. Schalotten- und Möhrenwürfel zugeben und mit andünsten. Mit Mehl bestäuben und unter Rühren 2 Minuten garen. Mit Wermut und Weißwein ablöschen und auf die Hälfte einkochen lassen. Fischfond und Estragon dazugeben und zugedeckt 20 Minuten leise kochen lassen.

3. Inzwischen für das Püree die geschälten Kartoffeln in Salzwasser garen.

4. Die Fischbrühe durch ein feines Sieb in einen anderen Topf geben und die Crème fraîche einrühren. Mit Salz, Pfeffer, Zucker und Zitronensaft abschmecken.

5. Zuckerschoten und Porree putzen. Das Weiße und Hellgrüne vom Porree, Zuckerschoten und die restlichen Möhren in sehr feine Streifen schneiden. Gemüsestreifen in kochendem Salzwasser 1 Minute blanchieren, dann abschrecken. Fischfilet von Gräten befreien und in 1 cm breite Streifen schneiden. Gemüse, Fisch und Krebsschwänze in die heiße Sauce geben und 6 Minuten bei milder Hitze ziehen lassen.

6. Für das Püree in einem Topf Milch, Butter, Zitronenschale, Salz, Muskat und Pfeffer aufkochen. Abgetropfte Kartoffeln durch eine Presse in die Milch drücken und locker vermengen. Das Ragout mit dem Kartoffelpüree servieren.

- ■ **Einfach**   ■ **Raffiniert**
- ■ Schnell   ■ Gut vorzubereiten

Für 4 Portionen

■ **Ragout**

12 Flusskrebse (gekocht, mit Schale)
2 Schalotten
150 g Möhren
20 g Butter
20 g Mehl
6 El trockener Wermut
200 ml Weißwein
500 ml Fischfond
5–10 Stiele Estragon
150 g Crème fraîche
Salz
weißer Pfeffer
Zucker
2–3 Tl Zitronensaft
100 g Zuckerschoten
50 g Porree
600 g Lachsforellenfilet (ohne Haut)

■ **Kartoffelpüree**

800 g Kartoffeln
Salz
250 ml Milch
40 g Butter
2 Tl abgeriebene Bio-Zitronenschale
Muskat
Pfeffer

■ **Zubereitungszeit**

1 Stunde 20 Minuten

Für Freischwimmer

Fische und Meeresfrüchte dürfen auch bei Tisch durchaus schwimmen: in feinen Saucen. Und diese können den Meeresbewohnern sogar noch mehr bieten: Perfekt abgestimmt und mit Liebe zubereitet, harmonieren die Saucen mit den feinen Aromen von Aal bis Zander, von Krabbe bis Hummer und krönen jedes Gericht. Mit zwei Grundrezepten für Fisch und Meeresfrüchte ist der erste Schritt zum Saucenmeister getan.

Tunken im Trend

Saucen sind angesagt – wenn sie hochwertig, also aus feinem Fond hergestellt wurden, wenig oder gar nicht gebunden sind und so den Fisch nicht erschlagen, sondern in den Himmel heben. Mehlschwitze ist out – wer eine sämige Sauce möchte, erreicht dieses auch durch Zugabe von Butter, wenig Sahne oder auch Eigelb. Bei Saucen zu Fisch oder Meeresfrüchten gilt: Weniger ist mehr. Starke Aromen und dominante Gewürze nur sparsam verwenden, in Butter angeschwitzte Schalottenwürfel sind dagegen tolle Aromaspender.

Fischgrundsauce

Helle Samtsauce – Velouté
Für 4 Personen:
Aus Fischkarkassen, Gemüse und Würzzutaten einen Fischfond (siehe Spezialseite Fond, S. 60) herstellen. 150 ml Fischfond abmessen, mit 150 ml Schlagsahne in einen Topf geben und bei milder Hitze in ca. 10 Minuten auf 100 ml einkochen. Die Sauce kurz vor dem Servieren mit dem Schneidstab fein aufmixen. Den restlichen Fischfond einfrieren.
Zubereitungszeit: 1 Stunde 20 Minuten

Krustentiersauce

Das Basisrezept ist die klassische Variante zu Hummer und Co., sie liegt ihnen kulinarisch zu Füßen. Mit frischen Gewürzen wie Sternanis, Kardamom, Ingwer und Muskat bekommt die feine Sauce eine tolle, leicht orientalische Note.

Für 6–8 Personen:
Karkassen von 1 Hummer (ca. 600 g) und von 2 Taschenkrebsen (à ca. 600 g) in ein Sieb geben, gut abspülen und abtropfen lassen. 100 g Zwiebeln fein schneiden. 50 g Möhren putzen, schälen und fein würfeln. 100 g Staudensellerie putzen, waschen und fein würfeln. 100 g Fenchel putzen, den Strunk entfernen. Fenchel fein würfeln.
4 El Olivenöl in einem Topf mit dickem Boden erhitzen, die Karkassen darin bei mittlerer Hitze unter Rühren 10 Minuten rösten. Zwiebeln, Möhren, Sellerie und Fenchel zugeben und bei milder Hitze 10 Minuten mitdünsten.
20 g Krebsbutter unterrühren und kurz mitdünsten. Mit 100 ml Cognac ablöschen und flambieren. Sobald der Alkohol verdunstet ist, mit 200 ml Wermut (z. B. Noilly Prat) sowie 1 l kaltem Wasser auffüllen und das Ganze offen bei nicht zu starker Hitze 20–30 Minuten leise köcheln lassen.

Blättchen von je 6 Stielen Dill und Estragon grob hacken, mit 1 Lorbeerblatt zum Fond geben. Fond durch ein feines Sieb in einen zweiten Topf gießen, Zutaten im Sieb mit einer Kelle gut ausdrücken. Fond auf 400 ml einkochen. 250 ml Schlagsahne zugeben, 6–8 Minuten leise köcheln, mit Salz würzen. Kurz vor dem Servieren mit 1–2 El Zitronensaft abschmecken und mit einem Schneidstab fein pürieren.
Zubereitungszeit: 1 Stunde 20 Minuten

Kalt & köstlich

Remoulade ist der Allrounder unter den kalten Saucen, zum Beispiel zu Fish and Chips oder Backfisch. Dazu 3 Eier in 10 Minuten hart kochen, abschrecken, pellen und grob hacken. Von 1 ½ Bund Petersilie die Blätter abzupfen und grob hacken. Etwas Schnittlauch in Röllchen schneiden. 120 g Mayonnaise und 125 g Sahnejoghurt verrühren. Mit Salz, Pfeffer und 1 Prise Zucker würzen. Von 2 Beeten die Kresse abschneiden, mit den übrigen Kräutern unter die Sauce mischen.

Die Basis *Mit Champagner wird die Grundsauce (unten) zur Fischsauce de luxe, mit in Butter pürierten Kräutern eine tolle Kräutersauce.*

Feines Fußbad *Eine Krustentiersauce (oben) ist das Beste, was Garnelen, Hummer und Co. passieren kann, auch in Pastagerichten.*

Skrei mit Sojagemüse und Miso-Sauce

■ Einfach   ■ **Raffiniert**

■ Schnell   ■ Gut vorzubereiten

Für 4 Portionen

■ 80 g getrocknete Sojabohnen
90 g Butter
80 g Schalotten
30 g frischer Ingwer
5 Stiele Thai-Basilikum
130 ml Mirin (süßer Reiswein; Asia-Laden)
250 ml Fischfond
200 ml Schlagsahne
100 g Shiitakepilze
200 g Paksoi
4 Skrei-Filets (norwegscher Winter-
kabeljau; ohne Haut und Gräten, à 175 g,
ca. 2,5 cm dick)
4 El Olivenöl
3–4 El Tamari-Sojasauce (Bio-Sojasauce)
je 1 Beet rote und grüne Shisokresse
2 El helle Miso-Paste (Asia-Laden)
schwarzes Meersalz
(ersatzweise helles Meersalz)

■ **Zubereitungszeit**
1 Stunde 50 Minuten (plus Einweichzeit)

1. Am Vortag die Sojabohnen in reichlich kaltem Wasser einweichen. 40 g Butter in kleine Würfel schneiden und kalt stellen. Am nächsten Tag die Sojabohnen abgießen, in reichlich frischem Wasser zum Kochen bringen und ca. 1 Stunde 30 Minuten leise kochen lassen.

2. Schalotten längs in dünne Streifen schneiden. Ingwer schälen und in feine Streifen schneiden. 1 El Schalotten, 1 Tl Ingwer und 1 Stiel Thai-Basilikum in 100 ml Mirin und dem Fischfond auf ein Viertel einkochen, dann die Brühe durch ein feines Sieb gießen. Einmal kurz mit der Sahne aufkochen und beiseitestellen. Die Stiele von den Pilzen entfernen, die Köpfe dritteln. Paksoi putzen. Die Blätter in grobe Stücke, die Stiele in dünne Streifen schneiden.

3. Restliche Butter schmelzen. Eine ofenfeste Form mit Butter bepinseln. Fischfilets darauflegen, mit der restlichen Butter bepinseln, mit restlichem Thai-Basilikum belegen. Die Form fest mit Mikrowellenfolie verschließen. Fisch im vorgeheizten Ofen bei 100 Grad (Gas 1, Umluft 80 Grad) 30–35 Minuten garen.

4. Für das Gemüse ca. 10 Minuten vor Ende der Garzeit am besten einen Wok erhitzen und das Olivenöl zugeben. Pilze, restliche Schalotten und restlichen Ingwer darin unter Schwenken garen. Paksoi-Stiele und abgetropfte Sojabohnen mit restlichem Mirin und der Sojasauce zugeben und knackig garen. Dann die Paksoi-Blätter untermischen und kurz zusammenfallen lassen.

5. Kresse von den Beeten schneiden. Die Sauce aufkochen, Miso und kalte Butterwürfel mit dem Schneidstab einmixen. Die Fischfilets auf dem Gemüse anrichten und mit schwarzem Meersalz und Kresse bestreuen. Mit der Sauce servieren.

Saibling mit Weißweinsauce und Fenchel

1. Für die Sauce die Butter in Würfel schneiden und ins Gefrierfach legen. Schalotten fein würfeln, zusammen mit Wein und Fischfond 5 Minuten kochen. Die Flüssigkeit durch ein feines Sieb in einen anderen Topf gießen, auf 50 ml einkochen und beiseitestellen.

2. Für das Gemüse den Fenchel putzen, dabei das Grün für die Sauce abzupfen, fein schneiden und beiseitelegen. Die Fenchelknollen der Länge nach so achteln, dass sie nicht auseinanderfallen. Olivenöl in einem breiten Topf erhitzen, die Fenchelachtel kurz darin andünsten, die Zitronenscheibe dazugeben. Alles mit 250 ml Wasser ablöschen, einmal aufkochen und zugedeckt bei milder Hitze 12–15 Minuten garen. Das Gemüse mit Salz und Pfeffer würzen, die Zitronenscheibe entfernen.

3. Für die Saiblinge den Ofen auf 180 Grad vorheizen (Gas 2–3, Umluft 160 Grad). Die Fische sorgfältig säubern, waschen, trockentupfen und in eine mit etwas Olivenöl gefettete Saftpfanne legen. Innen und außen mit Salz, Pfeffer und Fenchelsaat würzen. Die Zitrone in 8 dünne Scheiben schneiden, je 2 Zitronenscheiben in die Bauchhöhlen der Fische geben. Die Fische 15 Minuten marinieren lassen, dann im Backofen auf der 2. Schiene von unten 25–30 Minuten backen. Nach 10 Minuten Garzeit die Fische mit Weißwein begießen.

4. Für die Sauce den vorbereiteten Ansatz erhitzen. Die eiskalten Butterwürfel nach und nach einschwenken und die Flüssigkeit damit binden (die Sauce darf nicht mehr kochen!). Mit Salz, Pfeffer und 1 Prise Zucker würzen. Zuletzt das fein geschnittene Fenchelgrün unterrühren.

5. Zum Servieren die Saiblingsfilets auslösen und mit der Weißweinsauce und den abgetropften Fenchelstücken auf vorgewärmten Tellern anrichten. Dazu passen Salzkartoffeln mit gehackter Petersilie.

- Einfach
- Schnell
- Raffiniert
- Gut vorzubereiten

Für 4 Portionen

- **Weißweinsauce**
  150 g Butter
  2 kleine Schalotten
  200 ml trockener Weißwein
  100 ml Fischfond
  Salz
  Pfeffer
  Zucker

- **Fenchelgemüse**
  600 g Fenchelknollen (mit Grün)
  1 El Olivenöl
  1 dünne Scheibe Bio-Zitrone
  Salz
  Pfeffer

- **Saibling**
  4 Bachsaiblinge (à 300 g, küchenfertig, ohne Kopf)
  1 El Olivenöl
  Salz
  Pfeffer
  1 El Fenchelsaat
  1 Bio-Zitrone
  150 ml Weißwein

- **Zubereitungszeit**
  1 Stunde 30 Minuten (plus Marinierzeit)

Karpfensteaks
im Gemüsesud

■ **Einfach**   ■ Raffiniert
■ Schnell   ■ Gut vorzubereiten

Für 4 Portionen

■ 1 Tl Senfsaat
  1 Tl Koriandersaat
  1 Tl weiße Pfefferkörner
  4 Wacholderbeeren (angedrückt)
  250 g Möhren
  200 g Knollensellerie
  200 g Porree
  20 g Butter
  3 Lorbeerblätter
  100 ml Weißwein
  1 l Fischfond
  4 Karpfensteaks (à 200 g)
  Salz
  Pfeffer

■ **Zubereitungszeit**
  1 Stunde 20 Minuten

1.   Senfsaat, Koriandersaat, weiße Pfefferkörner und Wacholderbeeren in einen Papier-Teebeutel geben und mit Küchengarn zubinden.

2.   Möhren putzen und schälen, Sellerie schälen, Porree putzen. Möhren und Sellerie in dünne, ca. 5 cm lange Streifen schneiden. Vom Porree das Weiße und Hellgrüne in dünne, ca. 5 cm lange Streifen schneiden.

3.   Butter in einem hohen weiten Topf erhitzen. Möhren, Sellerie und Porree darin anbraten, Lorbeer und Gewürzbeutel zugeben. Mit Weißwein ablöschen, dann mit Fischfond auffüllen und 10 Minuten garen.

4.   Karpfensteaks von allen Seiten mit Salz und Pfeffer würzen. Karpfensteaks auf das Gemüse geben. Im geschlossenen Topf bei milder Hitze ca. 20 Minuten gar ziehen lassen.

5.   Gewürzbeutel mit einer Schaumkelle aus dem Sud entfernen. Sud mit Salz und Pfeffer abschmecken. Dazu passen Salzkartoffeln.

✱ Tipp Fischsteaks sind Fischportionen, die quer vom ganzen Fisch geschnitten worden sind. Sie sind bis zu 3 cm dick und meistens noch von Haut ummantelt. Das wohl bekannteste Fischsteak ist das vom Thunfisch.

✱ Tipp Geschmack und Konsistenz des Karpfens hängen stark von den Haltungsbedingungen und dem Futter ab. Wichtig, neben der Zubereitung, ist auch die Wasserqualität in den letzten Tagen vor dem Töten des Tieres. Wird der Karpfen aus dem Ursprungsgewässer heraus zubereitet, schmeckt er oft schlammig. Vor der Zubereitung empfiehlt es sich, die Kiemen zu entfernen, da sich besonders in ihnen Schlamm anlagert und somit den Geschmack negativ beeinflussen kann.

Pochierte Seefische mit Pfifferlingen

1. Für den Fischsud Fenchel putzen, Zitrone in Stücke schneiden. Zwiebeln und Fenchel würfeln, mit Senfkörnern, Wacholderbeeren, Zitronenstücken, 1 l Wasser, Weißwein und 1 Tl Salz 10 Minuten kochen.

2. Inzwischen die Kartoffeln schälen und in Salzwasser im geschlossenen Topf 25–30 Minuten garen. Die Pfifferlinge putzen, abspülen und im Sieb abtropfen lassen. Fischfilets kalt abspülen, trockentupfen, in den heißen Fischsud legen und bei sehr milder Hitze ca. 10 Minuten pochieren.

3. Petersilienblätter abzupfen und fein hacken. 20 g Butter und Öl in einer Pfanne erhitzen. Pfifferlinge unter Wenden darin anbraten, Petersilie unterrühren. Pilze mit Salz und Pfeffer würzen.

4. Restliche Butter bei milder Hitze in einem kleinen Topf braun werden lassen. Die Kartoffeln durch die Kartoffelpresse drücken.

5. Die Fischfilets mit der Schaumkelle aus dem Sud nehmen, abtropfen lassen und mit Pfifferlingen und Kartoffelschnee auf großen Tellern anrichten. Den Kartoffelschnee mit gebräunter Butter beträufeln und sofort servieren.

★ Tipp Pfifferlinge gehören zu den delikatesten Pilzen überhaupt, doch ihre Saison ist nur kurz, in Deutschland etwa von August bis Oktober. Zwar lassen sie sich auch einfrieren (bis zu zehn Monate), aber sie verlieren dabei an Aroma, was gerade das Zusammenspiel mit dem Fisch beeinträchtigt. Für dieses Gericht empfiehlt es sich also unbedingt, frische Saisonpfifferlinge zu verarbeiten.

■ Einfach   ■ Raffiniert
■ Schnell   ■ Gut vorzubereiten

Für 4 Portionen

■ **Fischsud**
100 g Fenchel
½ Bio-Zitrone
2 Zwiebeln
1 El Senfkörner
4 Wacholderbeeren
500 ml Weißwein
Salz

■ **Kartoffelschnee, Pfifferlinge und Fisch**
600 g mehligkochende Kartoffeln
Salz
250 g Pfifferlinge
300 g Zanderfilet (mit Haut, ohne Gräten)
300 g Bachsaiblingfilet
(mit Haut, ohne Gräten)
½ Bund glatte Petersilie
120 g Butter
1 El Öl
Pfeffer

■ **Zubereitungszeit**
1 Stunde 10 Minuten

Seeteufel mit Weißkohlmantel

Für 4 Portionen

■ 1 Weißkohl
Salz
1 kleiner Apfel
2 El Zitronensaft
500 g Seeteufelfilet (küchenfertig, im Stück)
Pfeffer
2 Schalotten
600 g Kartoffeln
1 El Butter
150 ml Schlagsahne
100 ml herber Cidre
150 ml Fischfond
6 Stiele Dill
50 g Ketakaviar

■ **Außerdem**
Küchengarn

■ **Zubereitungszeit**
1 Stunde 20 Minuten

1. Die äußeren Blätter vom Kohl entfernen und den Strunk keilförmig herausschneiden. In einem großen Topf Salzwasser aufkochen und den Kohl darin 2 Minuten vorgaren. 8 Blätter vom Kohl lösen. Wenn die Blätter sich noch nicht lösen lassen, den Kohl weitere 2–4 Minuten vorgaren.

2. Von den Weißkohlblättern jeweils den dicken Strunk herausschneiden und die Blätter weitere 5 Minuten im kochenden Wasser garen. Abgießen und abtropfen lassen (den restlichen Kohl anderweitig verwenden).

3. Apfel vierteln, entkernen und ungeschält in Spalten schneiden. Die Apfelspalten sofort mit Zitronensaft mischen.

4. 4 Kohlblätter überlappend nebeneinander auf die Arbeitsfläche legen. Die Hälfte der Apfelspalten mittig auf die Kohlblätter legen. Seeteufel leicht mit Salz und Pfeffer würzen und auf die Apfelspalten legen. Mit den restlichen Spalten belegen. Restliche Kohlblätter auf die Apfelspalten legen und Fisch, Apfel und Kohlblätter mit Küchengarn wie eine Roulade zusammenbinden.

5. Schalotten fein würfeln. Kartoffeln schälen und in kleine Würfel schneiden. Schalotten und Kartoffeln in der heißen Butter glasig dünsten. Sahne, Cidre und Fischfond zugeben und aufkochen. Die Kohlroulade auf die Kartoffeln legen und zugedeckt 20–25 Minuten bei milder Hitze garen.

6. Die Dillästchen abzupfen. 4 Ästchen zum Garnieren beiseitelegen und den Rest fein hacken. Die Kohlroulade aus dem Topf nehmen und das Küchengarn entfernen. Roulade in Scheiben schneiden. Gehackten Dill zu den Kartoffeln geben und mit Salz und Pfeffer abschmecken. Seeteufel mit Sahnekartoffeln, etwas Ketakaviar und Dill garnieren.

Aus
Pfanne
& Wok

Das Fisch-Curry finden
Sie auf Seite 88.

Fisch-Curry mit Ingwer-Vinaigrette

■ **Einfach** ■ **Raffiniert**
■ Schnell ■ Gut vorzubereiten

Für 6 Portionen

■ 20 g frischer Ingwer
3 Knoblauchzehen
5 grüne Chilischoten
2 Frühlingszwiebeln
2–3 El Limettensaft
2 El Fischsauce
230 ml Geflügelfond
10 El Öl
50 g kleine runde Bitterauberginen
Salz
200 g Thai-Spargel
100 g Thai-Brokkoliblätter (mit Stielen)
2 Stangen Zitronengras
3 Kaffir-Limettenblätter
½ Bund Petersilie
½ Bund Thai-Basilikum
1 Tl Garnelenpaste
1 Tl Palmzucker
6 Steinbeißerfilets (à 60 g)
Pfeffer
2 El Speisestärke

■ **Zubereitungszeit**
1 Stunde 30 Minuten

1. Für die Vinaigrette Ingwer, 2 Knoblauchzehen, 3 Chilis und das Weiße und Hellgrüne der Frühlingszwiebeln sehr fein würfeln. Mit Limettensaft, Fischsauce, 3 El Fond und 3 El Öl verrühren.

2. Auberginen putzen, waschen und abtropfen lassen. Das Gemüse rundherum mit einer Nadel einstechen und in lauwarmes Salzwasser legen. Vom Spargel nur die Enden abschneiden. Thai-Brokkoli waschen und abtropfen lassen. Die Blätter abstreifen, Stiele und Blätter grob zerschneiden.

3. Zitronengras putzen, die äußeren Blätter entfernen. Die inneren zarten Blätter grob schneiden. Die Stiele der restlichen Chilis abschneiden. Mit Zitronengras, restlicher Knoblauchzehe, Salz sowie Kaffir-Limetten-, Petersilien- und Basilikumblättern im Blitzhacker grob zerkleinern. Dann mit Garnelenpaste, Palmzucker und 3 El Öl zu einer Paste mixen.

4. Fischfilets mit Salz und Pfeffer würzen. In einer beschichteten Pfanne in 2 El Öl bei starker Hitze auf beiden Seiten anbraten, dann von der Kochstelle nehmen. Auberginen abtropfen lassen und gut trockentupfen.

5. Restliches Öl in einem Wok stark erhitzen. Spargel, Brokkolistiele und Auberginen darin scharf anbraten. Gewürzpaste zugeben und kurz mitrösten. Mit restlichem Fond aufgießen und 3-4 Minuten bei starker Hitze kochen. Sauce mit der in etwas kaltem Wasser angerührten Stärke leicht binden. Brokkoliblätter und Fischfilets zugeben und 3–4 Minuten darin ziehen lassen. Das Fisch-Curry auf einer Platte anrichten und mit der Ingwer-Vinaigrette beträufeln. Dazu passt Jasminreis.

★**Tipp** Bitterauberginen machen ihrem Namen alle Ehre, denn so klein sie sind, so bitter sind sie auch. Vom Aussehen her erinnern sie an Erbsen. Thai-Basilikum kommt aus der gleichen Familie des gewöhnlichen europäischen Basilikums, der Geschmack allerdings ist eher dem Anis-Fenchel-Aroma verwandt.

Das Foto zu diesem Rezept finden Sie auf Seite 86.

Gewürz-Zander und Topinamburpüree

1. Topinambur schälen und in ca. 3 cm große Stücke schneiden. In eine ofenfeste und mit Backpapier ausgelegte Form geben, mit Salz, Pfeffer, Zucker und 4 El Olivenöl würzen und gut vermengen. Topinambur im vorgeheizten Ofen bei 200 Grad (Gas 3, Umluft nicht empfehlenswert) auf der 2. Schiene von unten ca. 40 Minuten backen. Anschließend mit Crème fraîche fein pürieren und evtl. nachwürzen.

2. Inzwischen Koriandersaat, Wacholderbeeren und weißen Pfeffer in einem Mörser grob zerstoßen. Zanderhaut mit der Gewürzmischung einreiben.

3. Für die Senfsaatbutter die Zitrone gründlich waschen und trockenreiben. Zitronenschale fein abreiben, Saft auspressen. Senfsaat in einem Topf ohne Fett kurz rösten.

4. Butter zu der Senfsaat in den Topf geben und so lange erhitzen, bis die Butter goldbraun ist. Zitronenschale und 1 El Zitronensaft zugeben. Mit etwas Salz würzen.

5. Zanderfilets mit Salz würzen. In einer großen beschichteten Pfanne das restliche Olivenöl erhitzen und die Zanderfilets darin auf der Hautseite bei mittlerer Hitze 5–6 Minuten goldbraun braten. Die Filets während der ersten 3 Minuten leicht beschweren (z.B. mit einem Topfdeckel). Zander wenden, die Pfanne vom der Kochstelle nehmen und die Filets darin 2 Minuten ziehen lassen.

6. Topinamburpüree und Senfbutter getrennt erhitzen. Das Topinamburpüree und das Zanderfilet mit der Senfbutter beträufeln und mit etwas Brunnenkresse garnieren. Dazu passen Backofenkartoffeln (z.B. Bamberger Hörnchen oder La Ratte).

✱Tipp Zu den schönsten Wiederentdeckungen der letzten Jahre gehört der Topinambur. Diese fast vergessene Knolle ist ein Wintergemüse (etwa von November bis März), der Kartoffel nicht unähnlich, mit einem erdigen, leicht nussigen Geschmack. Sie lässt sich ebenso gut roh essen, z.B. in Salaten, wie auf vielfältigste Weise kochen, braten, backen usw. Zu finden ist sie in Bio-Läden oder auf Wochenmärkten.

■ Einfach   ■ Raffiniert
■ Schnell   ■ Gut vorzubereiten

Für 4 Portionen

■ 1,25 kg Topinambur
 Salz
 weißer Pfeffer
 1 El Zucker
 8 El Olivenöl
 3 El Crème fraîche
 ½ Tl Koriandersaat
 ½ Tl Wacholderbeeren
 ½ Tl weiße Pfefferkörner
 4 dicke Zanderfilets
 (à 180 g, mit Haut, ohne Gräten)
 1 Bio-Zitrone
 1 El braune Senfsaat
 50 g Butter
 Brunnenkresse zum Garnieren

■ **Zubereitungszeit**
 1 Stunde

Seehecht mit Safran-Kartoffelpüree

■ Einfach ■ **Raffiniert**
■ Schnell ■ Gut vorzubereiten

Für 4 Portionen

■ **Fenchel-Pinienkern-Vinaigrette**

20 g weiche getrocknete Tomaten (ohne Öl)
5 El weißer Portwein
20 g Pinienkerne
½ Fenchelknolle mit Grün (ca. 50 g)
1 rote Zwiebel (ca. 50 g)
5 El Aceto balsamico bianco
Salz
Pfeffer
abgeriebene Schale von ½ Bio-Zitrone
6 El Olivenöl
1 El glatte Petersilie (fein gehackt)
1 El Basilikum (fein gehackt)
1 El Schnittlauch (in feine Röllchen geschnitten)

■ **Safran-Kartoffelpüree**

700 g Kartoffeln
1 Döschen Safranpulver
Salz
4–5 El Olivenöl

■ **Seehecht**

4 Seehechtstücke
(à 300–350 g, küchenfertig)
2 El Mehl
4 El Olivenöl
10 g Butter
1 Knoblauchzehe
4 Stiele Thymian
Fleur de sel

■ **Zubereitungszeit**
1 Stunde 20 Minuten

1. Für die Fenchel-Pinienkern-Vinaigrette die Tomaten in feine Würfel schneiden. Portwein in einem kleinen Topf aufkochen, Tomaten dazugeben, vom Herd nehmen und ziehen lassen. Pinienkerne in einer Pfanne ohne Fett goldbraun rösten, abkühlen lassen. Vom Fenchel das Grün abzupfen und in etwas kaltes Wasser gelegt beiseitestellen. Fenchel und Zwiebel in feine Würfel schneiden.

2. Essig mit etwas Salz und Pfeffer in einer Schale verrühren, bis das Salz aufgelöst ist. Zitronenschale und Olivenöl dazugeben und unterrühren. Tomaten, Pinienkerne, Fenchel, Zwiebel, Petersilie, Basilikum und Schnittlauch dazugeben, unterheben und beiseitestellen.

3. Für das Safran-Kartoffelpüree die Kartoffeln schälen, in grobe Stücke schneiden und im geschlossenen Topf mit Safran in 500 ml Salzwasser in 20 Minuten gar kochen. Die Kartoffeln abgießen, etwas abdämpfen lassen, Olivenöl dazugeben und mit einem Kartoffelstampfer fein zerdrücken. Warm stellen.

4. Die Seehechtstücke trockentupfen, die Hautseiten jeweils mit einem scharfen Küchenmesser in je 2–3 cm Abstand 5 mm tief einschneiden. Von beiden Seiten in Mehl wenden, überschüssiges Mehl abklopfen. Olivenöl und Butter in einer beschichteten Pfanne erhitzen und die Seehechtstücke mit der angedrückten Knoblauchzehe darin auf jeder Seite 2 Minuten bei mittlerer Hitze anbraten. Thymian dazugeben und im vorgeheizten Backofen bei 190 Grad (Gas 2–3, Umluft 170 Grad) auf der mittleren Schiene 2–3 Minuten fertig garen.

5. Safran-Kartoffelpüree mit der Vinaigrette und dem Seehecht auf vorgewärmten Tellern anrichten. Seehecht mit etwas Fleur de sel bestreuen und alles mit Fenchelgrün garnieren. Restliche Vinaigrette extra dazu servieren.

Thunfisch mit Mohnmantel

1. Paprika vierteln, entkernen und in grobe Stücke schneiden. Schalotten in feine Würfel schneiden und mit der Paprika in der Butter anbraten. Mit Weißwein und 100 ml Fond ablöschen und mit Salz, Pfeffer und 1 Prise Zucker würzen. Paprika 10–15 Minuten weich kochen, mit dem Schneidstab fein pürieren und durch ein Sieb streichen. Crème fraîche zugeben und mit Limettensaft würzen. Abkühlen lassen.

2. Für das Mangold-Bohnen-Gemüse die Bohnen putzen und in mundgerechte Stücke schneiden. In kochendem Salzwasser 5–6 Minuten garen, dann abschrecken. Mangold waschen, putzen und die Stiele keilförmig von den Blättern schneiden. Blätter und Stiele getrennt schräg in 2 cm breite Streifen schneiden.

3. Für die Vinaigrette die Zwiebel fein würfeln. 4 El Olivenöl, Essig und 2 El Wasser mit Salz, Pfeffer und 1 Prise Zucker verrühren. Zwiebelwürfel zugeben.

4. Inzwischen den Mohn auf einem Teller verteilen. Thunfischfilet mit Salz und Pfeffer würzen und die Ober- und Unterseite fest in den Mohn drücken.

5. 2 El Olivenöl in einem weiten Topf erhitzen und die Mangoldstiele darin 2 Minuten andünsten. Mangoldblätter zugeben, kurz mitbraten und dann mit dem restlichen Fond ablöschen. Mangold im geschlossenen Topf in 3–4 Minuten weich garen, Bohnen zugeben und erwärmen.

6. Restliches Olivenöl in einer beschichteten Pfanne erhitzen und den Thunfisch darin von jeder Seite 2 Minuten braten. Dann in 12 gleich große Würfel schneiden.

7. Mangold-Bohnen-Gemüse mit der Vinaigrette mischen und mit der Paprikasauce zum Thunfisch servieren.

■ Einfach   ■ **Raffiniert**
■ Schnell   ■ Gut vorzubereiten

Für 4 Portionen
■ 300 g rote Paprikaschoten
  2 Schalotten
  1 El Butter
  50 ml Weißwein
  200 ml Geflügelfond
  Salz
  Pfeffer
  Zucker
  1 El Crème fraîche
  1–2 El Limettensaft
  300 g Wachsbohnen
  500 g Mangold
  1 rote Zwiebel
  7 El Olivenöl
  2 El Rotweinessig
  40 g Mohn
  500 g Thunfischfilet

■ **Zubereitungszeit**
  1 Stunde

Viel Rauch um Fisch

Fisch, der geräuchert wird, wird nicht nur haltbarer, er nimmt auch das feine Aroma des Räucherholzes an. Glücklich, wer eine Fischräucherei in seiner Nähe hat und direkt vom Produzenten kaufen kann. Wer jedoch seinen Fisch selbst räuchert, erlebt das Abenteuer des Rauchveredelns von Anfang an, hat es durch Fischauswahl und Holzsorte in der Hand, wohin die kulinarische Reise für Makrele, Lachs, Forelle und Co. geht.

Das gewisse Etwas

Fisch muss eigentlich immer schnell verzehrt werden, da er leicht verderblich ist, oder er muss haltbar gemacht werden. Räuchern ist eine Form der Haltbarmachung mit köstlichem Nebeneffekt: Der Rauch, der beim Verbrennen des ausgewählten Räuchermehls entsteht, zieht über die Oberfläche des Fisches und kondensiert dort aromareich.

Zum Räuchern verwendet man Späne, Briketts oder Sägemehl aus Laubholz, die je nach Baumart Farbe und Aroma des geräucherten Fisches beeinflussen Neben dem geschmacksneutralen Buchenholz eignen sich auch Hölzer von Erle, Akazie, Ahorn, Kastanie, Pappel, Weide, Eiche oder Obsthölzer wie Kirsch, Apfel, Birne. Nur Birkenholz sollte gemieden werden (bei dessen Verbrennung entsteht viel Teer). Raffinierte Zugaben sind Kräuter wie Rosmarin oder Estragon. Grundsätzlich ist die Wahl reine Geschmackssache, Experimentieren erfordert allerdings einige Erfahrung, neue Holzmischungen sollten am besten erst an einem Probefisch getestet werden, um nicht eine ganze Lage zu »verräuchern«. Die verwendeten Hölzer müssen unbehandelt und wenigstens so trocken sein, dass sie brennen.

Fisch für alle Fälle

Bevor die Fische in den Ofen kommen, werden sie gesäubert, ausgenommen und die Kiemen entfernt. Nach dem Salzen müssen sie etwas ruhen. Kommen die Fische dann in den Ofen, gibt es eine wichtige Regel: Sie dürfen sich während des Räucherns nicht berühren und werden deshalb am besten aufgehängt. Grundsätzlich gibt es zwei Arten zu räuchern, die sich vor allem in der Räuchertemperatur und -dauer unterscheiden.

Kalt geräuchert wird heute fast nur noch in Räuchereien. Vor dem Kalträuchern müssen Salzfische gewässert werden. Die Räuchertemperatur im Ofen beträgt höchstens 30 Grad, der Räuchervorgang dauert bis zu sechs Tagen. Heiß geräuchert halten sich Fische vier bis acht Tage, kalt geräuchert mindestens 14 Tage, vakuumverpackte Produkte bis zu sechs Wochen.

Manche mögen's heiß

Tiefgekühlte und frische Fische werden üblicherweise heiß geräuchert. Dazu kommen die Fische in den Ofen, wenn Holz oder Kohle heruntergebrannt sind und nur noch Glut vorhanden ist. Bei 70 bis 90 Grad werden sie dann bis zu vier Stunden gegart und geräuchert. Dabei wird ihnen sanft die Feuchtigkeit entzogen, durch die entstehende Wärme findet ein Garprozess statt. Erst am Ende des Vorgangs wird die Luftzufuhr gedrosselt und das Restfeuer mit feuchten Spänen zugedeckt, sodass dichter, feuchter Rauch entsteht. Dadurch bekommt der Fisch seinen appetitlichen goldgelben Glanz und das typische Raucharoma.

Heiße Öfen für Räucherfische

Zum Selbsträuchern gibt es preisgünstige Räucheröfen im Anglergeschäft. Zum Ausprobieren genügt aber schon ein alter großer Topf, in den ein Kuchengitter passt. Darunter kommt etwas Räuchermehl, der Fisch wird oben daraufgelegt, bei Filets die Hautseite nach unten. Der Topf muss dann mit Deckel oder Alufolie fest verschlossen werden und wird auf dem Herd 10 bis 12 Minuten so stark erhitzt, dass das Räuchermehl verkohlt. Die ideale Gartemperatur liegt bei 80 bis 90 Grad. Vom Herd genommen lässt man den Fisch im geschlossenen Topf abkühlen, wodurch er seine goldene Färbung und das unverwechselbare Aroma bekommt.

Hängt sie hoch! *Fische lassen sich am besten hängend räuchern, damit sie sich dabei nicht berühren und der Rauch überall hinkommt. Beson-* *ders gut eignen sich Makrele, Forelle, Lachs, Heilbutt oder Hering, der sich dann, mit feinem Raucharoma, Bückling nennt.*

Spanische Fischpfanne
mit Paprikaöl

■ **Einfach**   ■ **Raffiniert**
▨ Schnell   ▨ Gut vorzubereiten

Für 2 Portionen

■ 4 Stiele Petersilie
1 Knoblauchzehe
5 g Manchego (spanischer Hartkäse, ersatzweise Grana padano)
5 g Semmelbrösel
5 g gemahlene Mandeln
500 g Kartoffeln
100 g Schalotten
1 rote Chilischote
1 rote Paprikaschote (200 g)
9 El Olivenöl
2 Stiele Thymian
Salz
Pfeffer
6 Lorbeerblätter
2 Kabeljaukoteletts
(à 300 g, ersatzweise Schellfischkoteletts)
2 Tl Kapern (abgetropft)
50 ml Weißwein
1 Tl geräuchertes Paprikapulver
(ersatzweise edelsüßes Paprikapulver)
2 El Rotweinessig

■ **Zubereitungszeit**
1 Stunde

1. Für die Brösel Petersilienblätter und ½ Knoblauchzehe sehr fein hacken. Den Käse fein reiben. Alles mit Semmelbröseln und Mandeln mischen.

2. Kartoffeln schälen und in dünne Scheiben schneiden. Schalotten in feine Streifen schneiden. Chili halbieren und entkernen. Restlichen Knoblauch in feine Scheiben schneiden. Paprika vierteln, entkernen und mit der Hautseite nach oben auf ein Backblech legen. 10–12 Minuten auf der 2. Schiene von oben unter dem Backofengrill rösten, bis die Haut schwarze Blasen wirft. Aus dem Ofen nehmen, mit einem feuchten Küchentuch bedecken. Paprika häuten und die Viertel nochmals halbieren.

3. 3 El Olivenöl in einer ofenfesten Pfanne erhitzen. Kartoffeln, Schalotten und Knoblauch darin anbraten. Thymian und Chili zugeben, mit Salz und Pfeffer würzen. Im vorgeheizten Backofen bei 180 Grad (Gas 2–3, Umluft nicht empfehlenswert) auf der untersten Schiene 40 Minuten garen.

4. Lorbeer mit Küchengarn um die Haut der Fischkoteletts binden, die Schnittflächen leicht mit Salz und Pfeffer würzen.

5. Nach 15 Minuten Paprika, Kapern und die Fischkoteletts auf die Kartoffeln in den Ofen geben. Die Oberfläche der Koteletts mit der Bröselmischung bedecken. Weißwein zugießen und alles ca. 25 Minuten im Ofen zu Ende garen.

6. 1 El Öl in einem kleinen Topf erhitzen, Paprikapulver kurz darin anrösten und mit Rotweinessig ablöschen. Mit restlichem Olivenöl auffüllen und 5 Minuten ziehen lassen. Durch ein feines Sieb streichen.

7. Fischpfanne aus dem Ofen nehmen, Küchengarn und Lorbeer entfernen. Mit dem warmen Paprikaöl servieren.

Dorade mit orientalischem Kartoffelstampf

1. Für den Kartoffelstampf die Kartoffeln schälen und in kochendem Salzwasser 20–25 Minuten garen.

2. Tomaten und Datteln in 5 mm große Stücke schneiden. Knoblauch in feine Würfel schneiden. Sesam in einer Pfanne ohne Fett hellbraun rösten. Petersilienblätter abzupfen und grob hacken.

3. 50 g Butter bei mittlerer Hitze schmelzen. Tomaten, Datteln, Knoblauch und Zitronenschale darin 2–3 Minuten dünsten. Kartoffeln abgießen und gut ausdämpfen lassen.

4. Die Hälfte der Tomaten-Dattel-Butter über die Kartoffeln geben und alles mit einem Kartoffelstampfer grob zerdrücken. Warm stellen.

5. Restliche Butter mit dem Anis bei mittlerer Hitze schmelzen. Doradenfilets mit Salz und Pfeffer würzen und mit Sumach bestreuen.

6. Olivenöl in einer beschichteten Pfanne erhitzen, die Doradenfilets darin mit der Hautseite nach oben 2–3 Minuten bei mittlerer Hitze anbraten. Die Filets vorsichtig wenden und auf der Hautseite in 2–3 Minuten fertig braten.

7. Doradenfilets und Kartoffelstampf auf vorgewärmten Tellern anrichten. Restliche Tomaten-Dattel-Butter über den Kartoffelstampf geben, Anisbutter über die Doradenfilets träufeln. Alles mit Petersilie und Sesam bestreut sofort servieren.

✱Tipp Sumach, manchmal auch als Sumak zu finden, ist ein Gewürz der nordafrikanischen und türkischen Küche. Die Früchte des Sumachbaums werden getrocknet und gemahlen und würzen Speisen pikant und leicht säuerlich-fruchtig.

▪ **Einfach**   ▪ **Raffiniert**
▪ Schnell   ▪ Gut vorzubereiten

Für 4 Portionen

▪ 900 g Kartoffeln
Salz
50 g getrocknete Tomaten
40 g Datteln (entsteint)
1 Knoblauchzehe
2 El helle Sesamsaat
5 Stiele glatte Petersilie
90 g Butter
abgeriebene Schale von 1 Bio-Zitrone
½ Tl gemahlener Anis
4 Doradenfilets
(à 130–140 g, geschuppt, küchenfertig)
Pfeffer
2 Tl Sumach
3 El Olivenöl

▪ **Zubereitungszeit**
50 Minuten

Kabeljau mit Venusmuscheln und Capellini

■ **Einfach**   ■ **Raffiniert**
■ Schnell   ■ Gut vorzubereiten

Für 4 Portionen

■ **Pesto**

30 g Basilikum
Salz
120 ml Olivenöl
(Geschmack: intensiv, leicht grasig)
15 g Semmelbrösel
Pfeffer

■ **Muschelragout**

1 kg frische Venusmuscheln
Salz
100 g Zwiebeln
1 rote Chilischote
1 Knoblauchzehe
5 El Olivenöl
100 ml Weißwein
4 Kabeljaufilets (à 60–70 g, küchenfertig,
mit Haut)
Salz
280 g Capellini (ganz feine, spaghetti-
ähnliche Nudeln; ersatzweise Spaghettini)

■ **Zubereitungszeit**
50 Minuten

1.   Für den Pesto die Basilikumblätter abzupfen, in kochendem Salzwasser kurz aufwallen lassen, abschrecken, gut abtropfen lassen und ausdrücken. Basilikum und Öl mit dem Schneidstab fein pürieren, mit den Semmelbröseln mischen und mit Salz und Pfeffer würzen.

2.   Für das Muschelragout die Muscheln in leicht gesalzenes kaltes Wasser legen. Zwiebeln fein schneiden. Chili putzen, entkernen und fein schneiden. Knoblauch fein hacken.

3.   Muscheln in einem Sieb abtropfen lassen, geöffnete Muscheln entfernen. 3 El Öl in einem breiten Topf erhitzen, Zwiebeln, Knoblauch und Chili darin bei mittlerer Hitze 2 Minuten andünsten. Wein und Muscheln zugeben und bei starker Hitze zugedeckt 3–4 Minuten garen, bis die Muscheln geöffnet sind, dabei öfter umrühren. Muscheln im Sud beiseitestellen, geschlossene Muscheln entfernen.

4.   Restliches Öl in einer beschichteten Pfanne erhitzen, Fischfilets mit Salz würzen und auf der Hautseite bei mittlerer Hitze 2–3 Minuten knusprig braten. Fisch wenden und beiseitegestellt 2–3 Minuten ziehen lassen.

5.   Nudeln nach Packungsanweisung in kochendem Salzwasser bissfest garen, in ein Sieb gießen und abtropfen lassen, dabei 150 ml Nudelwasser auffangen.

6.   In einer Schüssel Nudeln und Kochwasser mit der Hälfte vom Pesto verrühren. Muscheln und Sud unterheben. Auf vorgewärmte Teller verteilen, jeweils 1 Fischfilet darauf anrichten und sofort servieren. Restlichen Pesto extra dazu reichen.

★**Tipp**   Capellini sind sehr feine Nudeln, die ursprünglich in Mittelitalien ihre Heimat haben. Sie sind nicht ganz so dick wie Spaghetti, aber auch noch nicht ganz so dünn wie die sogenannten »capelli d'angelo«, das Engelshaar.

Rotbarben mit
Risotto und Fenchel

1. Fenchel putzen, den Strunk keilförmig herausschneiden und etwas Grün in kaltes Wasser legen. Fenchel vierteln, in dünne Streifen schneiden und mit Zitronensaft in einer Schüssel mischen. Schalotten fein würfeln. Knoblauch zerdrücken. Thymian in einen Teefilter geben. Den Gemüsefond erhitzen. Sesam in einer Pfanne ohne Fett goldbraun rösten.

2. 3 El Öl in einem Topf erhitzen, Schalotten und Knoblauch darin 1 Minute glasig dünsten. Reis zugeben und kurz mitdünsten. Mit Wein ablöschen und stark einkochen. Thymian dazugeben und den Reis mit der Hälfte des heißen Fonds knapp bedecken. Offen bei mittlerer Hitze 18–20 Minuten garen, dabei gelegentlich schwenken oder umrühren und den restlichen heißen Gemüsefond nach und nach dazugießen. Thymianstiele entfernen. Kurz vor dem Servieren die Butter unterrühren und den Risotto leicht mit Salz würzen.

3. Inzwischen 2–3 Öl in einem Topf erhitzen, den Fenchel darin bei mittlerer Hitze 2 Minuten dünsten, dabei mit Salz und 1 Prise Zucker würzen. Bei sehr milder Hitze 6–8 Minuten offen garen, bis er leicht bissfest ist.

4. Die Rotbarbenfilets mit Salz würzen und im Grieß wälzen. 3 El Öl in einer beschichteten Pfanne erhitzen und die Filets darin bei mittlerer Hitze auf der Hautseite 2 Minuten braten. Fisch wenden, von der Kochstelle nehmen und 2–3 Minuten ziehen lassen. Tomaten waschen, mit restlichem Öl beträufeln und mit Salz, 1 Prise Zucker und Sesam bestreuen. Im vorgeheizten Backofen auf der 2. Schiene von unten bei 220 Grad 3–4 Minuten garen, bis die Tomaten leicht aufplatzen (Gas 3–4, Umluft 200 Grad).

5. Fenchel, Risotto, Tomaten und Fisch auf vorgewärmte Teller verteilen. Mit dem Fenchelgrün garniert sofort servieren.

- Einfach
- Schnell
- Raffiniert
- Gut vorzubereiten

Für 4 Portionen

- 1 Fenchel mit Grün (ca. 200 g)
  1 El Zitronensaft
  20 g Schalotten
  1 Knoblauchzehe
  6 Stiele Thymian
  1 l Gemüsefond
  10 g Sesamsaat
  10 El Olivenöl
  200 g Risottoreis (Carnaroli oder Arborio)
  100 ml Weißwein
  20 g Butter
  Salz
  Zucker
  8 Rotbarbenfilets (à ca. 80 g, küchenfertig)
  20 g Polenta (Maisgrieß)
  8–10 Kirschtomaten

- **Zubereitungszeit**
  50 Minuten

Lengfisch mit Senfsauce

1. Estragonblätter grob hacken. Schalotten fein würfeln. 20 g Butter in einem Topf schmelzen, Schalotten, Estragon und Pfeffer darin bei mittlerer Hitze 2 Minuten glasig dünsten. Mit Wermut ablöschen und auf die Hälfte einkochen.

2. Fond und Lorbeer zugeben und offen auf die Hälfte einkochen. Fond durch ein Sieb in einen zweiten Topf gießen, Sahne und Senf unterrühren und leicht mit Salz würzen.

3. Kartoffeln waschen und ungeschält in Salzwasser in 18–20 Minuten leicht bissfest garen. Kartoffeln in ein Sieb gießen, abtropfen und ausdämpfen lassen. Kartoffeln noch warm pellen und in dünne Scheiben schneiden.

4. Petersilienblätter fein hacken. Restliche Butter in einer beschichteten Pfanne schmelzen, Kartoffeln zugeben und bei milder Hitze 3–4 Minuten auf einer Seite braten, Kartoffeln wenden und in 2–3 Minuten goldbraun braten. Mit Salz würzen. Sauce kurz aufkochen und bei milder Hitze leicht sämig einkochen lassen.

5. Fischfilets sorgfältig entgräten, mit Salz würzen und rundherum in Polenta wenden, Polenta leicht andrücken. Butter in einer beschichteten Pfanne schmelzen, Fisch darin bei mittlerer Hitze 2–3 Minuten von jeder Seite braten. Pfanne von der Kochstelle nehmen, den Fisch darin 1 Minute ziehen lassen. Kartoffeln mit Petersilie bestreuen und mit den Fischfilets auf vorgewärmte Teller geben. Mit Sauce beträufelt servieren.

✱ Tipp Besonders populär ist der Leng, der zu den Dorschfischen gehört, leider nicht; er wird wenig angeboten, weil er nur selten und schwer zu fischen ist. Das ist schade, denn sein Fleisch ist überaus wohlschmeckend. Frisch kommt er nur ab und zu in den Handel, eher schon trifft man ihn als Stockfisch. Also unbedingt zugreifen, wenn der Fischhändler gerade einen frischen Lengfisch da hat.

■ Einfach   ■ Raffiniert
■ Schnell   ■ Gut vorzubereiten

Für 4 Portionen

■ **Sauce und Kartoffeln**
6 Stiele Estragon
160 g Schalotten
40 g Butter
2 Tl weiße Pfefferkörner
300 ml Wermut
500 ml Fischfond
2 Lorbeerblätter
100 ml Schlagsahne
2 Tl mittelscharfer Senf
Salz
600 g Kartoffeln
2 Stiele krause Petersilie

■ **Fisch**
8 Lengfischfilets (à 80 g)
Salz
30 g Polenta (Maisgrieß)
20 g Butter

■ **Zubereitungszeit**
1 Stunde 45 Minuten

Aus dem
Backofen

Den Stockfisch in Mangold finden Sie auf Seite 106.

Stockfisch mit Paprika in Mangold

■ **Einfach**　　■ **Raffiniert**
■ Schnell　　■ Gut vorzubereiten

Für 4 Portionen

■ 350 g Stockfisch
　ca. 280 g Schweinenetz
　(8 Kreise à 10 cm Ø,
　beim Metzger vorbestellen)
　500 ml Milch
　1 Lorbeerblatt
　600 g Mangold (ca. 18 große Blätter)
　Salz
　1 rote Paprikaschote (280 g)
　4 Stiele Estragon
　1 Eigelb (Kl. M)
　2 El Schlagsahne
　50 g schwarze Oliven (mit Stein)
　10 g Butter
　3 El Olivenöl

■ **Zubereitungszeit**
　1 Stunden 30 Minuten
　(plus Zeit zum Wässern)

1. Stockfisch 3–5 Tage in kaltem Wasser wässern, dabei das Wasser mehrmals wechseln. Schweinenetz über Nacht in kaltes Wasser einlegen, dabei das Wasser ebenfalls einige Male wechseln.

2. Stockfisch in ein Sieb gießen und abtropfen lassen. Milch und 500 ml Wasser in einen Topf geben, Stockfisch und Lorbeer dazugeben, aufkochen und offen bei milder Hitze 30–35 Minuten leise kochen lassen. Stockfisch aus der Milch nehmen und auf einem Küchentuch kurz abkühlen lassen. Stockfisch putzen, Haut und Gräten vollständig entfernen. Fisch mit 2 Gabeln sehr fein zerzupfen, in einer Schüssel kalt stellen.

3. Mangold putzen, von den Blättern die harte Mittelrippe herausschneiden. Blätter in kochendem Salzwasser ca. 10 Sekunden blanchieren, abschrecken und in einem Küchentuch abtropfen lassen. Paprika putzen, vierteln und entkernen. Paprika mit der Hautseite unter dem vorgeheizten Backofengrill 8–10 Minuten grillen, bis die Haut schwarze Blasen wirft. Paprika herausnehmen, in einem Gefrierbeutel 5 Minuten ausdämpfen lassen. Paprika herausnehmen, häuten und nochmals halbieren.

4. Estragonblätter von den Stielen zupfen und fein schneiden. Estragon, Eigelb und Sahne mit der Stockfischmasse verrühren. Olivenfleisch rundum vom Stein schneiden und fein hacken. Jeweils ca. 1½ Mangoldblätter (8 cm lang, 5–6 cm breit) auf eine Arbeitsplatte legen, 1 Stück Paprika mittig darauflegen und 1 Tl gehackte Oliven darauf verteilen. Je 1 gehäuften El Stockfischmasse auf die Oliven geben und fest andrücken. Paprika und Stockfisch mit dem Mangold wie ein Päckchen fest verschließen.

5. Schweinenetz in einem Sieb abtropfen lassen, je ein 10–12 Zentimeter großes Stück abschneiden, auf die Arbeitsfläche legen. Mangoldpäckchen auf das Schweinenetz legen und fest einwickeln, dass das Päckchen verschlossen ist.

6. Butter und Öl in einer großen beschichteten Pfanne erhitzen, die Stockfischpäckchen darin bei mittlerer Hitze 2 Minuten rundum braten. Die Päckchen auf ein Backblech legen und im vorgeheizten Backofen bei 130 Grad auf der 2. Schiene von unten 8 Minuten zu Ende garen (Gas 1, Umluft nicht empfehlenswert). Dazu passt Schalottenkompott mit Feigen und Aprikosen.

Das Foto zu diesem Rezept finden Sie auf Seite 104.

Gratinierte Sardinen
mit Kartoffelsalat

1. Sardinen abspülen, trockentupfen, putzen, entdarmen und den Kopf entfernen. Sardinen aufschneiden, auseinanderklappen und die Mittelgräte vom Fleisch lösen.

2. Mandelblättchen und Pinienkerne in einer beschichteten Pfanne ohne Fett goldbraun rösten. Kapern in einem Sieb abtropfen lassen. Mandeln, Pinienkerne, Kapern und Öl im Mixer mittelfein pürieren. Semmelbrösel zugeben und mit Salz und Pfeffer würzen. Petersilienblätter abzupfen, fein hacken und mit der Mandelmasse mischen.

3. Backblech mit Olivenöl einpinseln. Sardinen auf der Hautseite auf das Blech legen. Jede Sardine mit 1 El Mandelmasse belegen und andrücken. Sardinen unter dem vorgeheizten Backofengrill auf der 2. Schiene von unten 3–4 Minuten goldbraun gratinieren.

4. Für den Kartoffelsalat Kartoffeln waschen und ungeschält in Salzwasser gar kochen. Abgießen, ausdämpfen lassen, noch warm pellen und in Scheiben schneiden. Die Schalotten fein würfeln. Fond, Essig, Senf und Schalotten einmal aufkochen, über die Kartoffeln gießen und vorsichtig vermengen. An einem warmen Ort zugedeckt mindestens 30 Minuten ziehen lassen. Kurz vor dem Servieren das Öl unterheben, mit Salz, Pfeffer und 1 Prise Zucker würzen.

5. Paprika putzen, vierteln und entkernen. Unter dem vorgeheizten Backofengrill auf der obersten Schiene 8–10 Minuten grillen, bis die Haut schwarze Blasen wirft. Paprika in einem Gefrierbeutel 5 Minuten ausdämpfen lassen, häuten und fein würfeln. Zwiebel halbieren und längs in feine Streifen schneiden. Nektarinen halbieren, entsteinen und in Spalten schneiden. Petersilien- und Minzblätter abzupfen und fein schneiden.

6. Paprika, Zwiebeln, Nektarinen, Petersilie und Minze unter den Salat heben, 5 Minuten ziehen lassen. Zu den Sardinen servieren.

■ **Einfach**   ■ Raffiniert
■ Schnell   ■ Gut vorzubereiten

Für 4 Portionen

■ **Sardinen**
12 frische Sardinen (à 50 g)
40 g Mandelblättchen
50 g Pinienkerne
20 g kleine Kapern (Nonpareilles)
4–5 El Olivenöl
20 g Semmelbrösel
Salz
Pfeffer
3 Stiele krause Petersilie

■ **Außerdem**
Olivenöl für das Backblech

■ **Kartoffelsalat**
500 g Kartoffeln
Salz
50 g Schalotten
300 ml Gemüsefond
3 El Apfelessig
1 El scharfer Senf
4 El Olivenöl
Pfeffer
Zucker
1 rote Paprika (ca. 200 g)
150 g rote Zwiebel
2 Nektarinen (à 150 g)
3 Stiele krause Petersilie
4 Stiele Minze

■ **Zubereitungszeit**
1 Stunden 20 Minuten

Lachs mit Pfeffersauce, Rauke und Senfgurken

- Einfach
- Schnell
- Raffiniert
- Gut vorzubereiten

Für 10 Portionen

Pfeffersauce

80 g Schalotten
½ El weiße Pfefferkörner
20 g Butter
100 ml Wermut
250 ml Geflügelfond
300 ml Schlagsahne
1–2 Tl Speisestärke
1–2 Tl grüner Pfeffer (in Lake)
Salz

Lachs und Salat

2 kg grobes Meersalz
3 Eiweiß (Kl. M)
1 Bund Kerbel
1 Bund Dill
1 Bund glatte Petersilie
800 g Lachsfilet (mit Haut, ohne Gräten)
10 dünne Scheiben Brot
(z. B. Haselnussbrot)
1 Bund Rauke
1 Glas Senfgurken (215 g Abtropfgewicht)

Zubereitungszeit

1 Stunde 30 Minuten

1. Für die Pfeffersauce Schalotten in feine Streifen schneiden, Pfeffer im Mörser grob zerstoßen. Beides in einem Topf in der Butter glasig andünsten. Mit Wermut ablöschen, mit Fond und Sahne auffüllen. Offen auf ca. 400 ml einkochen lassen.

2. Sauce durch ein Sieb in einen anderen Topf gießen und aufkochen lassen. Mit der in wenig kaltem Wasser gelösten Stärke leicht binden. Grünen Pfeffer abtropfen lassen, grob hacken, in die Sauce geben, mit Salz abschmecken.

3. Für den Lachs Meersalz mit Eiweiß und 3–4 El Wasser mischen. Kerbel, Dill und Petersilie waschen, Blättchen abzupfen und grob schneiden.

4. Ein Backblech mit Backpapier belegen, ein Drittel der Salzmischung darauf verteilen. Lachs auf der Hautseite auf den Salzboden legen. Kräuter auf der Fleischseite großzügig verteilen und gut andrücken. Restliche Salzmasse auf den Kräutern verteilen, gut andrücken, sodass der Fisch vollständig eingepackt ist.

5. Brot im Toaster rösten. Rauke waschen, putzen, gut abtropfen lassen. Den Fisch auf der untersten Schiene im vorgeheizten Ofen bei 180 Grad 30 Minuten garen (Gas 2–3, Umluft 25 Minuten bei 160 Grad). Pfeffersauce erwärmen.

6. Fisch aus dem Ofen nehmen, kurz ruhen lassen. Salzkruste aufbrechen, Salz und Kräuter entfernen. Fisch portionsweise mit etwas Rauke und Senfgurken auf den getoasteten Brotscheiben anrichten, mit der Pfeffersauce servieren.

★Tipp Das Garen in der Salzkruste ist wirklich einfach, macht aber mächtig was her. Einen besonders schicken Showeffekt erzielen Sie, wenn Sie den Fisch noch in der Kruste auftischen und die Salzkruste direkt vor den Augen der Gäste aufbrechen. Sieht nicht nur super aus: Das Aroma, das beim Aufbrechen der Kruste aufsteigt, ist unvergleichlich.

Hecht mit Paprika-Mangold-Gemüse

1. Für das Paprika-Mangold-Gemüse die Paprika längs vierteln, entkernen und mit der Hautseite nach oben auf ein Backblech legen. Auf der 2. Schiene von oben unter dem vorgeheizten Backofengrill 8–10 Minuten rösten, bis die Haut schwarze Blasen wirft. Aus dem Ofen nehmen und sofort mit einem feuchten Küchentuch bedecken, etwas abkühlen lassen und die Haut abziehen. Paprikaviertel diagonal halbieren.

2. Mangold waschen, putzen, Blätter von den Stielen abschneiden. Stiele in 2–3 cm große Stücke, Blätter in 4–5 cm breite Streifen schneiden.

3. Zitronensaft, Essig, Senf und Olivenöl zu einer glatten Sauce verrühren. Koriander fein hacken und zugeben. Mit Salz und Pfeffer würzen. Paprika und Mangold zugeben und gut mit der Sauce mischen.

4. Chili putzen, mit dem Knoblauch sehr fein hacken und mit Sojasauce und Honig zu einer glatten Sauce verrühren.

5. Hecht unter fließendem kaltem Wasser abspülen und trockentupfen. Vom Hecht beide Fleischseiten vom Kopf bis zum Schwanz mit einem scharfen Messer im Abstand von 2 cm je ca. 1 cm tief einschneiden. Den Hecht zu einem Halbkreis biegen und mit Küchengarn vom Kopf bis zum Schwanzende zusammenbinden. Auf ein Blech legen und die eingeschnittenen Fleischseiten des Hechtes mit einem Teil der Honig-Sojasauce bepinseln.

6. Das Paprika-Mangold-Gemüse gleichmäßig auf dem Backblech verteilen. Im vorgeheizten Ofen auf der mittleren Schiene bei 190 Grad (Gas 2–3, Umluft nicht empfehlenswert) 25–30 Minuten garen. Dabei den Hecht alle 10 Minuten mit der Honig-Sojasauce einpinseln.

7. Hecht mit dem Gemüse auf einer vorgewärmten Platte anrichten. Restliche Honig-Sojasauce dazu servieren. Dazu passt Basmatireis.

- Einfach
- Raffiniert
- Schnell
- Gut vorzubereiten

Für 4 Portionen

- 2 rote Paprikaschoten
  2 gelbe Paprikaschoten
  400 g Mangold
  2 El Zitronensaft
  1 El Aceto balsamico
  2 Tl Dijon-Senf
  5 El Olivenöl
  1 Bund Koriandergrün (25 g)
  Salz
  Pfeffer
  1 rote Chilischote
  1 Knoblauchzehe
  6 El Sojasauce
  3 El Akazienhonig
  1 Hecht (ca. 1,2 kg, ausgenommen und geschuppt)

- **Außerdem**
  Küchengarn

- **Zubereitungszeit**
  1 Stunde

Hier gibt's heiße Flossen

Die wohl zarteste Versuchung, seit es heiße Kohlen gibt, ist gegrillter Fisch. Nicht nur eine nette Abwechslung zu Fleisch und Würstchen – vielmehr eine besondere Delikatesse. Das zarte Fleisch bedarf allerdings einer behutsamen Zubereitung, damit es nicht zerfällt und sein mildes Aroma behält. Verfeinert mit köstlichen Marinaden und serviert mit passenden Saucen wird der Fisch auf dem Rost zur kulinarischen Sensation.

Frische auf den Rost

Wirklich frisch muss der Fisch sein für den großen Grillgenuss. Denn nur dann ist das Fleisch noch fest, und der Fisch zerfällt nicht beim Grillen. Vom geschmacklichen Unterschied ganz zu schweigen. Bis zum Grillen sollte der Fisch auf jeden Fall kühl gelagert sein. Dazu lässt er sich zum Beispiel in einer Schale auf etwas Eis aufbewahren, praktisch ist es auch, eine Kühlbox mit zum Grill zu nehmen. Empfehlenswert für eine einfache Handhabung auf dem Grill ist die Zubereitung in speziellen Zangen, die das Grillgut samt Kräutern halten und das Wenden erleichtern. Werden die Gitter vor dem Grillen mit Öl bestrichen, lässt sich der Fisch anschließend leichter lösen. Fische mit besonders weichem Fleisch lassen sich am besten in Alufolie gewickelt oder auf einer Alu-Grillschale grillen. Auch hier ist eine leichte Ölung vorab empfehlenswert. Besonders aromatisch wird Fisch, wenn er von Kräutern oder Gewürzen wie Knoblauch, Thymian oder Fenchel Unterstützung bekommt. Die Garzeit ist von der Größe des Fisches abhängig und kann zwischen acht und 20 Minuten variieren. Geschützt in Alufolie muss er etwas länger gegrillt werden als direkt auf dem Rost.

Fette Beute zum Grillen

Wer Fisch am liebsten pur direkt vom Grill mag, um den typischen Grillgeschmack zu genießen, wählt fettere Fische, etwa Thunfisch-, Lachs- oder Schwertfischsteaks. Sie trocknen nicht so leicht aus und bleiben zart. Außerdem ist ihr Fleisch relativ fest, sodass es auch beim Grillen nicht zerfällt. Auch ganze Fische wie Dorade, Forelle oder Makrele lassen sich toll auf dem Rost zubereiten. Bei Filets wird grundsätzlich zuerst die Fleischseite, dann die Hautseite gegrillt, weil das Filet sich sonst krümmt.

Fisch für Spießer

Toll fürs Auge und ein besonderer Genuss sind gegrillte Fischspießchen. Zwischen die einzelnen Fischstücke werden Gemüsescheiben gesteckt, die mit dem Fisch harmonieren, wie Zucchini, Paprika oder Fenchel. Benutzt man Holzspieße, sollten diese vor dem Bestücken kurz in Wasser eingelegt werden, damit sie auf dem Grill nicht verbrennen und damit man das Grillgut anschließend besser lösen kann. Leicht exotisch wird Fisch, wenn er auf Zitronengrasstängel gespießt wird. Das frische Aroma des Zitronengrases harmoniert toll mit dem zarten Fischgeschmack. Als Fisch-Schaschlik eignen sich nur feste Fischsorten, die beim Garen nicht auseinanderfallen, und frische Scampi. Es kann sinnvoll sein, den Spieß vorsichtig in einer Aluschale zu grillen, statt ihn direkt auf den Rost zu legen. Wem es um die typischen Grillrost-Streifen geht, der legt den Fisch zu Beginn der Garzeit, wenn er noch fest ist, auf den Rost und gart ihn dann in der Schale weiter.

Echte Warmgriller

Fisch mag es lieber auf die sanfte Tour. Wird er bei zu starker Hitze gegrillt, verbrennt er außen, während er innen noch roh ist. Deshalb grillt man Fisch grundsätzlich auf der oberen Stufe des Grills oder am Rand der heißen Glut, niemals aber in der Mitte direkt über der Hitzequelle. Für die Garprobe mit einer Gabel vorsichtig in das Fleisch stechen. Lässt es sich ohne Kraft von den Gräten lösen, ist es gut. Gelingt dies nicht, muss der Fisch noch einige Minuten auf dem Grill bleiben. Wird der Fisch mit Haut gegrillt, bekommt er eine besonders schöne Kruste, wenn die Haut vor dem Grillen mit Olivenöl und Meersalz eingerieben wird.

In die Zange genommen *Ganze Fische wie zum Beispiel Doraden oder Makrelen lassen sich prima in speziellen Fisch-Grillzangen auf dem Rost* *zubereiten. So bleiben Kräuter und Gewürze, wo sie hingehören, und der Fisch lässt sich problemlos wenden. Tipp: Zangen vorher gut einölen!*

Spicy-Fish-Curry
von der Dorade

- Einfach
- Schnell
- Raffiniert
- Gut vorzubereiten

Für 4 Portionen

- 150 g Schalotten
  6 Knoblauchzehen
  50 g frischer Ingwer
  1½–2 rote Chilischoten
  4 El Öl
  2 Sternanis
  1 El fein abgeriebene Bio-Orangenschale
  1 El Five-Spice-Gewürz
  1 El gemahlener Koriander
  2 El brauner Zucker
  1 El thailändische Fischsauce
  2–3 El Sojasauce
  250 g Kirschtomaten
  2 gestrichene El Speisestärke
  4 Doraden (à 300–350 g, geschuppt und ausgenommen)
  2 El schwarze Sesamsaat
  3–4 Frühlingszwiebeln
  ¼ Bund Koriandergrün
  ¼ Bund Thai-Basilikum

- **Zubereitungszeit**
  1 Stunde 20 Minuten

1. Die Schalotten und den Knoblauch fein würfeln. Den Ingwer schälen und fein würfeln. Die Chilis in sehr feine Ringe schneiden. Alles im heißen Öl andünsten.

2. Sternanis, Orangenschale, Five-Spice-Gewürz, Koriander und Zucker unterrühren und kurz anrösten. Fisch- und Sojasauce zugeben und mit 500 ml Wasser auffüllen. Alles 10 Minuten leise kochen lassen.

3. Die Kirschtomaten vierteln und nach 8 Minuten zugeben. Speisestärke mit kaltem Wasser anrühren, in die Sauce rühren und weitere 1–2 Minuten leise kochen lassen.

4. Doraden innen und außen kalt abwaschen und trockentupfen. Die Hälfte der Sauce in einer ofenfesten Form verteilen. Die Fische darauflegen und mit der restlichen Sauce begießen. Die Fische im vorgeheizten Ofen bei 225 Grad (Gas 4, Umluft nicht empfehlenswert) auf der mittleren Schiene ca. 20 Minuten garen.

5. Inzwischen den schwarzen Sesam in einer Pfanne ohne Fett rösten. Von den Frühlingszwiebeln nur das Grüne der Länge nach in feine Streifen schneiden, mit reichlich kaltem Wasser waschen. Koriander- und Basilikumblätter grob schneiden. Alles mischen, über die Fische streuen und servieren. Dazu passen Schlangenbohnen oder grüne Bohnen und Basmatireis.

★ Tipp Die exotischen Zutaten für dieses Gericht gibt es in asiatischen Lebensmittelläden oder in gut sortierten Supermärkten. Das Five-Spice-Gewürz (auch als Fünf-Gewürze-Pulver im Gewürzregal zu finden) ist eine asiatische Mischung aus Fenchelsaat, Nelke, Sternanis, Zimt und Kardamom oder Pfeffer.

Heilbutt in Salzteig mit Honig-Senf-Sabayon

1. Für den Salzteig die getrockneten Tomaten fein würfeln und mit Tomatenmark und Meersalz im Mixer fein zerkleinern. Salzmischung mit Mehl und Eiweiß in einer Küchenmaschine mit den Knethaken zu einem glatten Teig kneten. Teig abgedeckt 30 Minuten ruhen lassen.

2. Für das Gemüse die Rote Bete putzen, waschen und in Salzwasser 40–50 Minuten leicht bissfest garen.

3. Inzwischen den Salzteig auf einer leicht bemehlten Arbeitsfläche mit dem Rollholz 3–4 mm dünn ausrollen. 4 Rechtecke à 12 x 10 cm und 4 Rechtecke à 14 x 12 cm ausschneiden.

4. Die kleineren Teigplatten leicht mit Eiweiß bepinseln, je 1 Fischfilet darauflegen und mit 1 Stück Zitronenschale belegen. Mit jeweils 1 größeren Teigplatte bedecken, an den Seiten andrücken und fest verschließen.

5. Den Backofen und ein Backblech auf 200 Grad (Gas 3, Umluft nicht empfehlenswert) vorheizen. Fischpäckchen auf dem heißen Blech auf der 2. Schiene von unten 10 Minuten backen.

6. Inzwischen für den Honig-Senf-Sabayon Eigelb, Cidre und Senf in einem Schlagkessel verrühren. Eigelbmischung über dem leicht kochenden Wasserbad 3–4 Minuten schaumig aufschlagen, bis die Creme ihr Volumen verdoppelt hat und an der Spitze des Schneebesens schaumig-fest ist. Mit 1 Prise Salz würzen.

7. Rote Bete in ein Sieb gießen, abtropfen und abkühlen lassen. Noch warm pellen und in dünne Spalten schneiden. Butter und Öl in einem Topf erhitzen, Rote Bete dazugeben und 1–2 Minuten erwärmen, Essig zugießen und leicht mit Salz und Pfeffer würzen. Teig entlang der Fischstücke vorsichtig einschneiden und jeweils einen Deckel abheben. Fisch mit der Roten Bete und dem Honig-Senf-Sabayon anrichten.

■ Einfach   ■ Raffiniert
■ Schnell   ■ Gut vorzubereiten

Für 4 Portionen

■ **Salzteig und Fisch**

50 g getrocknete Tomaten
1 El Tomatenmark
300 g grobes Meersalz
450 g Mehl (Type 550, gesiebt)
260 g Eiweiß (Kl. M, ca. 7–8 Eier)
Mehl zum Bearbeiten
1 Eiweiß (Kl. M, zum Bestreichen)
4 Heilbuttfilets
(à 120 g, ohne Haut, küchenfertig)
Schale von ½ Bio-Zitrone

■ **Gemüse**

550 g Rote Bete
Salz
10 g Butter
1 El Olivenöl
1–2 El Rotweinessig
Pfeffer

■ **Honig-Senf-Sabayon**

3 Eigelb (Kl. M)
120 ml Cidre brut
20 g Honigsenf (Feinkostladen)
10 g mittelscharfer Senf
Salz

■ **Zubereitungszeit**

1 Stunde 30 Minuten (plus Ruhezeit)

Seelachs mit Parmesankruste und Gemüse

Für 4 Portionen

- 500 g festkochende Kartoffeln
  2 gelbe Paprikaschoten (à 200 g)
  1 rote Paprikaschote (200 g)
  1 grüne Paprikaschote (200 g)
  1 Knoblauchzehe
  200 g Zwiebeln
  400 g Tomaten
  6 El Olivenöl
  6 Stiele Zitronenthymian
  2–3 El Estragonessig
  Salz
  Pfeffer
  80 g Parmesan
  4 Seelachsfilets (à 200 g, küchenfertig, ohne Haut und Gräten)

■ **Zubereitungszeit**
　1 Stunde 20 Minuten

1. Kartoffeln schälen und in ca. 1 cm dicke Stücke schneiden. Paprika putzen, längs vierteln, entkernen und in 2–3 cm große Stücke schneiden.

2. Knoblauch fein hacken. Zwiebeln in 5 mm dicke Spalten schneiden. Tomaten vierteln und die Kerne entfernen.

3. Olivenöl in einer großen beschichteten Pfanne erhitzen und die Kartoffeln darin bei mittlerer Hitze braten. Nach 5 Minuten Paprika, Knoblauch und Zwiebeln zugeben und weitere 5 Minuten bei starker Hitze garen.

4. Tomaten und Zitronenthymian zugeben und alles zusammen weitere 5 Minuten garen. Gemüse mit Estragonessig, Salz und Pfeffer abschmecken und in eine Auflaufform (30 x 20 cm) füllen.

5. Parmesan fein reiben. Seelachsfilets leicht mit Salz und Pfeffer würzen und nebeneinander auf das Gemüse legen. Filets mit dem Parmesan bestreuen. Im vorgeheizten Backofen bei 200 Grad (Gas 3, Umluft nicht empfehlenswert) auf der 2. Schiene von unten 20 Minuten garen. 5 Minuten vor Ende der Garzeit den Backofengrill zuschalten und den Parmesan goldbraun überbacken. Sofort servieren.

✱ Tipp Der Ruf des Seelachses war lange Zeit nicht der beste, weil er vor allem als billiger, rot gefärbter Lachsersatz auf den Teller gelangte. Erst seit wenigen Jahren wird sein Image wieder aufpoliert, woran vor allem die Lebensmittelindustrie ihren Anteil hat. Heute ist der Seelachs, der zur Familie der Dorsche gehört, einer der beliebtesten Speisefische, was nicht nur an seinem pikanten Geschmack, sondern auch an seinem zarten, aber festen Fleisch liegt, das sich für fast alle Garmethoden eignet.

Seeteufel mit
Kardamomkruste

1. Für die Kardamombutter die Haselnüsse in einer beschichteten Pfanne ohne Fett goldbraun rösten. Butter in einem Kessel in 4–5 Minuten weißlich-schaumig schlagen. Kardamomkapseln aufbrechen, die Samen in einem Mörser fein zermahlen. Petersilienblätter fein schneiden. Haselnüsse, Kardamom, Petersilie, Semmelbrösel und Eigelb mit der Butter gut vermengen, mit Salz würzen, zwischen Klarsichtfolie 2–3 mm dünn ausrollen und kalt stellen.

2. Topinambur ungeschält in Salzwasser 30–35 Minuten gar kochen. In ein Sieb gießen, abtropfen und ausdämpfen lassen. Noch warm pellen und klein schneiden. Butter in einem Topf schmelzen, Topinambur und Milch zugeben, mit Muskat würzen und mit dem Schneidstab fein pürieren.

3. Paprika putzen, halbieren und entkernen. Mit der Hautseite nach oben auf ein Blech legen und unter dem vorgeheizten Backofengrill 6–8 Minuten grillen, bis die Haut schwarze Blasen wirft. Paprika in einem Gefrierbeutel 5 Minuten ausdämpfen lassen, dann häuten und nochmals längs halbieren. Schalotten längs in feine Streifen schneiden. Chili putzen, längs halbieren, entkernen und fein schneiden.

4. 2 El Öl in einem Topf erhitzen, Schalotten und Chili darin bei mittlerer Hitze 2–3 Minuten glasig dünsten. Paprikastücke und Essig zugeben und 1–2 Minuten dünsten, mit Salz würzen.

5. Seeteufel-Medaillons leicht plattieren und mit Salz würzen. Restliches Öl in einer beschichteten Pfanne erhitzen, Medaillons darin bei mittlerer Hitze 2–3 Minuten je Seite braten, auf ein Blech legen und jeweils mit einem ca. 2 cm großen Stück Kardamombutter belegen. Unter dem vorgeheizten Backofengrill auf der obersten Schiene ca. 1 Minute goldbraun überbacken. Basilikumblätter in feine Streifen schneiden.

6. Das Topinamburpüree erwärmen. Paprika und Topinamburpüree auf vorgewärmten Tellern anrichten, Medaillons zugeben, mit Basilikum bestreut servieren.

■ **Einfach**   ■ Raffiniert
■ **Schnell**   ■ Gut vorzubereiten

Für 6 Portionen

■ **Kardamombutter**

20 g gemahlene Haselnüsse
70 g Butter (weich)
10 Kardamomkapseln
3 Stiele glatte Petersilie
15 g Semmelbrösel
1 Eigelb (Kl. M)
Salz

■ **Topinamburpüree und Fisch**

800 g Topinambur
Salz
40 g Butter
100–120 ml Milch
Muskat
2 rote Paprikaschoten (à 180 g)
50 g Schalotten
1 rote Chilischote
5 El Olivenöl
1 El Weißweinessig
12 Seeteufel-Medaillons (à 60–80 g, küchenfertig)
4 Stiele Basilikum

■ **Zubereitungszeit**

1 Stunde 30 Minuten

Kabeljau mit Limettenkruste und Pommes frites

- **Einfach**
- Schnell
- Raffiniert
- Gut vorzubereiten

Für 4 Portionen

- 3 Scheiben Weizentoastbrot
- 3 Bio-Limetten
- 50 g Butter (weich)
- 1 Bund Koriandergrün (30 g)
- 20 g frischer Ingwer
- Salz
- 4 El Olivenöl
- 300 g Vollmilchjoghurt
- 1–2 Tl Chiliflocken
- 1,2 kg große, vorwiegend festkochende Kartoffeln
- Öl zum Frittieren
- 8 dicke Kabeljaufilets (à 80 g, küchenfertig, ohne Haut)
- 2 El Mehl
- Fleur de sel
- Pfeffer

- **Zubereitungszeit**
  1 Stunde (plus Kühlzeiten)

1. Für die Limettenkruste von den Brotscheiben die Rinde abschneiden. Toastbrot grob schneiden. Von den Limetten die Schale fein abreiben. Das Toastbrot im Blitzhacker fein mixen. Limettenschale und 40 g Butter nach und nach zugeben und untermixen. Die Masse zwischen 2 Lagen Backpapier ca. 2 mm dünn ausrollen. Kalt stellen, bis die Masse fest ist.

2. Für den Dip Koriandergrün mit Stielen grob hacken. Ingwer schälen und fein würfeln. Koriandergrün, Ingwer, ½ Tl Salz und 1 El Olivenöl im Mörser zu einer Paste reiben. Joghurt und 1–1½ Tl Chiliflocken unterrühren. In eine Schale füllen und kalt stellen.

3. Für die Pommes frites die Kartoffeln schälen, waschen und längs in 1,5–2 cm dicke Stäbchen schneiden. 10 Minuten in kaltes Wasser legen. In einem Sieb gut abtropfen lassen und in einem Küchentuch trockentupfen.

4. Öl in einer Fritteuse auf 140 Grad erhitzen, die Kartoffeln in 2 Portionen 4–5 Minuten farblos vorgaren. Herausnehmen, auf Küchenpapier abtropfen lassen.

5. Das Backpapier von der Limettenkruste entfernen und die Kruste in filetgroße Stücke schneiden. Restliches Öl und restliche Butter in einer beschichteten Pfanne erhitzen. Filets in Mehl wenden, überschüssiges Mehl abklopfen. Filets von jeder Seite 30 Sekunden bei starker Hitze anbraten. Mit Fleur de sel und Pfeffer würzen. Kruste auf die Filetstücke legen und unter dem vorgeheizten Ofengrill auf der 2. Schiene von oben in 6–8 Minuten goldbraun überbacken.

6. Inzwischen die Pommes frites im 170 Grad heißen Öl goldbraun frittieren. Gut abtropfen lassen und in einer Schüssel mit Salz würzen.

7. Dip mit den restlichen Chiliflocken bestreuen. Kabeljaufilets mit den Pommes frites und dem Dip servieren.

Meeresfrüchte

Die Meeresspaghetti finden Sie auf Seite 124.

Meeresspaghetti mit Venusmuscheln

Für 4 Portionen

- 50 g Meeresspaghetti (Asia-Laden)
  100 g Schalotten
  3 Knoblauchzehen
  15 g frischer Ingwer
  150 g Kirschtomaten
  1 Bund Koriandergrün
  500 g Venusmuscheln
  300 g Bavette (ersatzweise Spaghetti)
  Salz
  200 ml ungesüßte Kokosmilch
  2 El Olivenöl
  1 getrocknete Chilischote
  1 Tl abgeriebene Bio-Limettenschale
  100 ml Weißwein
  Pfeffer
  Zucker
  Saft von 1 Limette zum Beträufeln

■ **Zubereitungszeit**
50 Minuten (plus Einweichzeit)

1. Meeresspaghetti in reichlich kaltem Wasser 4 Stunden einweichen, anschließend mit kaltem Wasser abspülen und abtropfen lassen.

2. Schalotten und Knoblauch sehr fein würfeln. Ingwer schälen und ebenfalls sehr fein würfeln. Tomaten vierteln. Korianderblätter grob schneiden. Geöffnete Muscheln aussortieren, geschlossene Muscheln in kaltem Wasser mehrmals sehr gründlich waschen, gut abtropfen lassen.

3. Meeresspaghetti in reichlich kochendem Wasser 8–10 Minuten garen. Bavette in reichlich kochendem Salzwasser nach Packungsanweisung bissfest garen.

4. Kokosmilch in einem Topf langsam erwärmen. Inzwischen das Olivenöl in einem großen flachen Topf erhitzen, Schalotten und Knoblauch darin glasig dünsten. Muscheln, Tomaten, Chili, Limettenschale und die Hälfte vom Koriandergrün zugeben. Mit Wein ablöschen, mit Kokosmilch auffüllen und im geschlossenen Topf ca. 3 Minuten garen, bis sich alle Muscheln geöffnet haben. Ungeöffnete Muscheln entfernen.

5. Muschelsud mit Salz, Pfeffer und 1 Prise Zucker würzen. Abgetropfte Bavette, Meeresspaghetti und das restliche Koriandergrün zu den Muscheln geben. Nach Belieben mit Limettensaft beträufeln.

★ Tipp Eine Alge, die Spaghetti heißt, verdankt ihren Rufnamen natürlich ihrem Aussehen. Ihr Geburtsname allerdings ist Himanthalia Elongata, ihre »Blätter« sind fleischig, und sie schmeckt typisch nach Meer. Zu finden ist sie in Asia-Läden, aber auch im spanischen Lebensmittelhandel.

Das Foto zu diesem Rezept finden Sie auf Seite 122.

Pulpo-Pfanne mit grünem Spargel

1. Pulpo waschen. Tropfnass mit 50 ml Wasser in eine große beschichtete Pfanne legen und bei milder Hitze zugedeckt 55–60 Minuten garen. Dabei einmal wenden. Den Pulpo herausnehmen und abkühlen lassen. Den entstandenen Pulpofond (ca. 200 ml) beiseitestellen.

2. Inzwischen die Kartoffeln waschen und ungeschält in Salzwasser 20 Minuten kochen, abschrecken, pellen, quer halbieren und kalt stellen. Das untere Drittel der Spargelstangen schälen, die Enden abschneiden. Den Spargel in kochendem Salzwasser mit Butter und Zucker 4 Minuten kochen, mit der Schaumkelle herausnehmen, abschrecken und auf Küchenpapier abtropfen lassen. 200 ml Spargelfond abmessen und beiseitestellen. Den Spargel schräg in 2 cm lange Stücke schneiden.

3. 200 ml Pulpofond mit 200 ml Spargelfond, Sahne, ½ Rosmarinzweig und 1 Knoblauchzehe auf 200 ml einkochen. Den Sud durch ein feines Sieb gießen und auffangen. Den Pulpo in 2 cm große Stücke schneiden. Restlichen Rosmarin abzupfen und fein hacken. Restlichen Knoblauch fein hacken. Zwiebel fein würfeln. Getrocknete Tomaten in 1 cm große Stücke schneiden. Chili in feine Ringe schneiden.

4. 2 El Öl in einer Pfanne erhitzen. Den Pulpo im heißen Fett scharf und kurz anbraten, mit Salz und Cayennepfeffer würzen und herausnehmen. Restliches Öl in der Pfanne erhitzen. Kartoffeln darin goldbraun anbraten. Zwiebeln, Knoblauch, Tomaten, Chili, Spargel, Rosmarin und Pulpo zugeben, 3–5 Minuten unter Wenden braten. Mit Salz und Pfeffer würzen.

5. Den Pulpofond nochmals kurz aufkochen. Mit dem Schneidstab gut durchmixen. Pulpo-Pfanne in tiefen Tellern anrichten und mit dem Fond beträufelt servieren.

■ Einfach   ■ **Raffiniert**
■ Schnell   ■ **Gut vorzubereiten**

Für 4 Portionen

■ 1 frischer Pulpo (ca. 700 g, vom Händler küchenfertig vorbereitet, d. h. Augen, Innereien und Mundwerkzeug sind entfernt)
  600 g kleine festkochende Kartoffeln
  Salz
  1 kg grüner Spargel
  20 g Butter
  1 Tl Zucker
  250 ml Schlagsahne
  1 Zweig Rosmarin
  2 Knoblauchzehen
  1 kleine Zwiebel
  60 g getrocknete Tomaten in Öl (abgetropft)
  1 rote Chilischote
  4 El Olivenöl
  Cayennepfeffer
  Pfeffer

■ **Zubereitungszeit**
  1 Stunde 40 Minuten

Jerk-Garnelen-Curry mit Polenta

Für 4 Portionen

■ 40 g Frühlingszwiebeln
4 Bio-Limetten
1 Bund Koriandergrün
400 ml ungesüßte Kokosmilch
Salz
125 g Instant-Polenta
2 Eier (Kl. M)
125 g Mehl
200 g rote Zwiebeln
2 El Pimentkörner
4 El brauner Zucker
1 El Ingwerpulver
3 Tl gemahlener Zimt
3 Tl gemahlener Muskat
1 Tl getrocknete Chiliflocken
1 Tl gemahlener Kreuzkümmel
1 El edelsüßes Paprikapulver
5 El Öl
5 El weißer Rum
1 Bund Thai-Basilikum
200 ml Tomatensaft
600 ml Geflügelbrühe
500 g Mango
1,5 El Speisestärke
1 kg Garnelen (à 20 g, ohne Kopf und Schale)
1 l Öl zum Frittieren

■ **Zubereitungszeit**
2 Stunden

1. Frühlingszwiebeln putzen, das Weiße und Hellgrüne fein würfeln. Schale von 2 Limetten fein abreiben und insgesamt 5 El Saft auspressen. Blätter von 4–5 Korianderstielen fein schneiden. Kokosmilch mit 200 ml Salzwasser aufkochen. Polenta einrieseln lassen, schnell unterrühren. Bei milder Hitze 10 Minuten quellen lassen, von der Kochstelle nehmen. Frühlingszwiebeln, Koriander, die Hälfte der Limettenschale und 2 El Limettensaft unterrühren, etwas abkühlen lassen. Wenn die Polenta kalt ist, Eier und Mehl unterrühren.

2. Zwiebeln grob würfeln. Piment im Mörser fein zerstoßen. Zwiebeln mit Zucker, Piment, Ingwer, Zimt, Muskat, Chili, Kreuzkümmel und Paprika im Blitzhacker fein hacken, nicht pürieren. Alles im heißen Öl kräftig andünsten. Mit Rum ablöschen. 2 Thai-Basilikumstiele zugeben. Mit Tomatensaft und Brühe auffüllen, 10 Minuten leise kochen lassen.

3. Mango schälen, Fleisch vom Stein schneiden, fein würfeln. Restliche Limettenschale und -saft mit den Mangowürfeln in die Sauce geben, mit Salz würzen. Die Stärke mit kaltem Wasser anrühren, in die Sauce rühren, einmal aufkochen.

4. Die Garnelen entdarmen, kalt abwaschen und trockentupfen.

5. Öl auf 170 Grad erhitzen. Nocken aus der Polentamasse abstechen, im heißen Fett 6–8 Minuten goldbraun frittieren. Auf Küchenpapier abtropfen lassen.

6. Garnelen bei milder Hitze in der kochenden Sauce 2–3 Minuten garen. Restliche Koriander- und Thai-Basilikumblätter grob schneiden, unter das Curry mischen. Restliche Limetten in Stücke schneiden. Mit den frittierten Nocken zum Curry servieren.

Calamari mit Garnelenfüllung

1. Glasnudeln 15 Minuten in warmem Wasser einweichen. Abtropfen lassen und in 1 cm lange Stücke schneiden. Ingwer schälen. 5 g Ingwer, 1 Knoblauchzehe und 1 Chili sehr fein hacken. Garnelen trockentupfen und fein hacken. Alle vorbereiteten Zutaten mischen. Mit Sesamöl, 1 El Fischsauce, 1 Tl Salz, Pfeffer und 1 Prise Zucker würzen.

2. Calamari unter fließendem kaltem Wasser abspülen und mit Küchenpapier trockentupfen. Die Garnelenmasse in einen Spritzbeutel ohne Tülle geben, die Calamari mit der Masse füllen und mit Holzspießen verschließen. Abgedeckt kalt stellen.

3. Das Weiße und Hellgrüne der Frühlingszwiebeln längs halbieren und schräg in 5 cm lange, dünne Streifen schneiden. Sellerie putzen, entfädeln und schräg in dünne Scheiben schneiden. Restliche Chili in dünne Ringe schneiden. Restlichen Ingwer und Knoblauch fein hacken. Korianderblätter grob hacken, Limette in Spalten schneiden.

4. Öl im Wok erhitzen. Frühlingszwiebeln und Sellerie darin 1 Minute unter Rühren anbraten und mit einer Schaumkelle herausnehmen. Calamari hineingeben und bei starker Hitze 2 Minuten rundum anbraten. Restlichen Ingwer und Knoblauch zugeben, kurz mitbraten.

5. Austernsauce und braunen Zucker zugeben und mit Sherry ablöschen. Mit 100 ml Wasser auffüllen und im geschlossenenen Wok bei mittlerer Hitze 4–5 Minuten garen. 1 Minute vor Ende der Garzeit Frühlingszwiebeln, Sellerie und die restliche Fischsauce zugeben.

6. Calamari mit Limettenspalten und mit Koriandergrün servieren. Dazu passt Jasmin- oder Basmatireis.

■ Einfach   **■ Raffiniert**
■ Schnell   ■ Gut vorzubereiten

Für 6–8 Portionen

■ 60 g Glasnudeln
  15 g frischer Ingwer
  3 kleine Knoblauchzehen
  2 rote Chilischoten
  250 g Riesengarnelen (küchenfertig, ohne Kopf und Schale, à 25 g)
  1 Tl Sesamöl
  2 El Fischsauce (Asia-Laden)
  Salz
  Pfeffer
  Zucker
  12 Calamari-Tuben (à 30 g)
  10 Frühlingszwiebeln
  2 Stangen Staudensellerie
  10 Stiele Koriandergrün
  1 Bio-Limette
  4 El Öl
  2 El Austernsauce (Asia-Laden)
  1 Tl brauner Zucker
  4 El trockener Sherry

■ **Außerdem**
  Holzspieße zum Verschließen

■ **Zubereitungszeit**
  1 Stunde 10 Minuten

Tomaten-Jelly
mit Jakobsmuscheln

■ Einfach   ■ **Raffiniert**
■ Schnell   ■ Gut vorzubereiten

Für 4 Portionen

- 500 g Tomaten
  40 g frischer Ingwer
  125 g Schalotten
  10 Pimentkörner
  1 rote Chilischote
  1 Sternanis
  12 El Honig
  5 El Obstessig
  350 ml Tomatensaft
  Salz
  7 Blatt weiße Gelatine
  4–5 Stangen Staudensellerie
  1 El weiße Pfefferkörner
  12 El Olivenöl
  2 El Gin
  6 Stiele Pimpinelle
  200 g Schafjoghurt
  6 El Amaranth-Pops (Reformhaus)
  12 frische Jakobsmuscheln (geputzt, à 25 g)

- **Zubereitungszeit**
  1 Stunde 20 Minuten (plus Kühlzeit)

1. Tomaten kreuzweise einritzen, einige Sekunden in kochendes Wasser tauchen, abschrecken, häuten und grob würfeln. Ingwer schälen, Schalotten häuten und beides grob würfeln. Mit Piment, Chili, Sternanis, 10 El Honig, 3 El Essig, Tomatensaft, Tomatenstückchen und 1 Prise Salz mischen. Bei milder Hitze ca. 40 Minuten einkochen lassen. Mit dem Schneidstab fein pürieren und durch ein feines Sieb gießen. Rückstände im Sieb gut ausdrücken.

2. Es sollten 500 ml Tomatenflüssigkeit vorhanden sein, ansonsten eventuell mit Tomatensaft auffüllen. Gelatine in kaltem Wasser einweichen und in der heißen Tomatenflüssigkeit auflösen. Eine Arbeitsschale (20 x 20 cm) glatt mit Klarsichtfolie auslegen und die Flüssigkeit ca. 2 cm hoch einfüllen. Zum Festwerden am besten über Nacht in den Kühlschrank stellen.

3. Staudensellerie putzen und auf einem Hobel der Länge nach in sehr dünne Streifen hobeln. Ca. 15 Minuten in kaltes Wasser legen, dann gut abtropfen lassen. Pfefferkörner in einer Pfanne ohne Fett anrösten, grob zerstoßen und mit 5 El Olivenöl mischen. Restlichen Essig sowie Honig mit 4 El Olivenöl, Gin und 1 Prise Salz verrühren. Blättchen von 2 Pimpinellestielen hacken und untermischen. Joghurt mit 4 El Amaranth-Pops und 1 Prise Salz verrühren.

4. Einen runden Ausstecher (ca. 10 cm Ø) in heißes Wasser tauchen, 4 Kreise aus dem Gelee ausstechen und vorsichtig auf Teller legen. Die Jakobsmuscheln trockentupfen, mit Salz würzen und im restlichen Öl bei mittlerer Hitze auf jeder Seite 2 Minuten goldbraun braten.

5. Sellerie mit der Pimpinelle-Vinaigrette mischen. Die Muscheln mit etwas Joghurt auf dem Jelly anrichten, Selleriestreifen darauf verteilen, mit Pfefferöl beträufeln, mit den übrigen Amaranth-Pops bestreuen und mit der übrigen Pimpinelle garnieren. Dazu passen indische Pappadams.

Kartoffeln mit Austern und Wermut-Vinaigrette

1. Für die Ofenkartoffeln die Kartoffeln waschen und längs halbieren. Mit der Schnittfläche nach oben auf ein Backblech legen. Kalbsfond mit dem Arganöl verrühren und mit Salz und Pfeffer würzen. Die Hälfte über die Kartoffeln gießen. Im vorgeheizten Backofen bei 200 Grad (Gas 3, Umluft 180 Grad) auf der 2. Schiene von unten 50 Minuten backen. Nach 30 Minuten den restlichen Fond über die Kartoffeln gießen.

2. Für die Wermut-Vinaigrette die Pfefferschote längs halbieren, die Kerne entfernen und die Schote in feine Würfel schneiden. Tomaten in kochendem Wasser kurz überbrühen, abschrecken, häuten, entkernen und das Fruchtfleisch in ca. 5 mm große Würfel schneiden. Frühlingszwiebeln putzen und das Weiße und Hellgrüne in feine Röllchen schneiden.

3. Rotweinessig, Wermut, 10 El Wasser, Olivenöl und Arganöl verrühren. Pfefferschoten, Tomaten und Frühlingszwiebeln dazugeben. Mit Salz, Pfeffer und 1 Prise Zucker abschmecken.

4. Die Austern öffnen und auf einer Servierplatte mit zerstoßenem Eis anrichten. Die Ofenkartoffeln in eine Schale füllen und mit der Wermut-Vinaigrette und den Austern servieren.

★ Tipp Wer mag nur als Erster auf die Idee gekommen sein, einem harmlosen Beifußgewächs wie dem Wermut nicht nur Heil- und Arzneiwirkung abzugewinnen, sondern ihn auch als Gewürz zu nutzen? Als Absinth oder Wermutwein findet das Kraut in der Küche Verwendung und veredelt mit seiner feinwürzigen Bitterkeit kräftige Aromen.

■ Einfach   ■ Raffiniert
■ Schnell   ■ Gut vorzubereiten

Für 8 Portionen

■ **Ofenkartoffeln**

1,6 kg festkochende Kartoffeln
250 ml Kalbsfond
3 El Arganöl
Salz
Pfeffer

■ **Wermut-Vinaigrette und Austern**

1 rote Pfefferschote
2 Tomaten
5 Frühlingszwiebeln
4 El Rotweinessig
3 El trockener Wermut
6 El Olivenöl
3 El Arganöl
Salz
Pfeffer
Zucker
24 Austern
zerstoßenes Eis zum Servieren

■ **Zubereitungszeit**
1 Stunde 20 Minuten

Hummer mit Mandelkruste

1. Hummer mit einem breiten, schweren Messer längs halbieren, Darm und Innereien unter fließendem kaltem Wasser entfernen. Mit dem Messerrücken vorsichtig auf die Scheren schlagen und diese aufbrechen. Schwanzfleisch aus dem Panzer lösen und wieder in den Panzer legen. Hummer mit der Fleischseite nach oben auf ein Backblech legen und abgedeckt kalt stellen.

2. Für die Gratiniermasse die Mandeln in einer Pfanne ohne Fett goldbraun rösten, herausnehmen und erkalten lassen. Semmelbrösel in derselben Pfanne ohne Fett hellbraun rösten.

3. Knoblauch fein hacken. Petersilienblätter abzupfen und fein schneiden. Thymianblättchen abzupfen und fein hacken. Mandeln, Semmelbrösel, Knoblauch, Petersilie und Thymian mit 8 El Öl verrühren, mit Salz und Pfeffer würzen.

4. Mandelmasse und Butterflocken auf dem Hummerfleisch verteilen, Wein auf das Blech gießen. Den Hummer unter dem vorgeheizten Backofengrill auf der 2. Schiene von unten in 4 Minuten goldbraun gratinieren. Herausnehmen, mit restlichem Öl und Butter-Wein-Fond begießen und sofort servieren. Dazu passt ein gemischter Salat.

✱ Tipp An Hummer scheiden sich Geister, nämlich in Kocher und Stecher. So delikat das Hummerfleisch auch ist, so muss das Tier doch gekocht werden. Wird es noch lebend in Salzwasser gekocht, stirbt es einen wahrscheinlich qualvollen Tod. Wird der Hummer jedoch direkt vor dem Kochen getötet, das heißt erstochen, scheint das manchen Köchen weniger brutal. Geschmacklich macht es keinen Unterschied, ob der Hummer schon tot oder noch lebendig ins Kochwasser kommt.

■ Einfach ■ **Raffiniert**
■ Schnell ■ Gut vorzubereiten

Für 4 Portionen

■ 2 kleine Hummer
(à 600 g, vom Händler gekocht)
40 g Mandelblättchen
20 g Semmelbrösel
1 Knoblauchzehe
5 Stiele glatte Petersilie
8 Stiele Thymian
10 El Olivenöl
(Geschmack: süßlich-mild)
Salz
Pfeffer
20 g Butter
100 ml Weißwein

■ **Zubereitungszeit**
45 Minuten

Schwarzer Risotto
mit Meeresfrüchten

Für 4 Portionen

- 500 g Venusmuscheln
  4 Calamari (à 40 g)
  8 Garnelen (ohne Schale, à 20 g)
  60 g Möhren
  50 g Porree
  1 rote Pfefferschote
  ½ Bio-Orange
  2 Knoblauchzehen
  6 El Olivenöl
  100 ml Weißwein
  1 l Fischfond
  1 Zwiebel
  2 Beutel Tintenfischtinte
  (à 4 g; Fischhändler)
  300 g Risottoreis
  Salz
  Cayennepfeffer

■ **Zubereitungszeit**
  1 Stunden 15 Minuten

1. Muscheln unter fließendem kaltem Wasser waschen, geöffnete und beschädigte Muscheln entfernen. Calamari waschen, die Haut abziehen. Die Tentakeln und das Chitinstück aus dem Körperbeutel ziehen. Den Körperbeutel von innen unter kaltem Wasser säubern. Die Tentakeln so vom Kopf schneiden, dass sie durch einen schmalen Ring verbunden bleiben. Die Kauwerkzeuge herausdrücken und entfernen. Die Körper in 5 mm breite Ringe schneiden. Garnelen wenn nötig entdarmen und längs halbieren.

2. Möhren schälen, Porree putzen, Pfefferschote längs aufschneiden und entkernen. Orangenschale mit einem Sparschäler dünn abziehen und die weiße Haut vollständig entfernen. Gemüse, Schote und Orangenschale in sehr feine, ca. 3 cm lange Streifen schneiden. Die Orangenschalenstreifen 30 Sekunden in kochendem Wasser blanchieren und abtropfen lassen.

3. Knoblauch fein hacken. Die Hälfte mit den Gemüse- und Orangenschalenstreifen in 2 El heißem Olivenöl glasig dünsten. Muscheln zufügen, mit Weißwein ablöschen und das Ganze zugedeckt 4–5 Minuten kochen, bis sich die Muscheln geöffnet haben. Geschlossene Muscheln wegwerfen. Den Sud durch ein Sieb gießen, auffangen und beiseitestellen. Muscheln, Gemüse und Orangenschale in einer Schüssel abgedeckt warm halten. Fond erhitzen.

4. Den Fischfond erhitzen. Zwiebel fein würfeln und mit dem restlichen Knoblauch in 2 El Olivenöl in einem Topf glasig dünsten. Die Tintenfischtinte einrühren, mit dem Muschelsud ablöschen und einkochen, bis die Flüssigkeit fast verdampft ist. Reis zugeben und kurz andünsten. Mit einem Drittel des heißen Fischfonds auffüllen und den Risotto ca. 20 Minuten offen unter Rühren leise kochen lassen. Dabei nach und nach den restlichen heißen Fond dazugießen. Herzhaft mit Salz und Cayennepfeffer würzen.

5. Das restliche Öl in einer Pfanne erhitzen. Garnelen und Calamari zugeben und bei starker Hitze unter Wenden 2–3 Minuten braten. Mit Salz und Cayennepfeffer würzen. Den Risotto auf Tellern anrichten und sofort mit den Meeresfrüchten, Gemüsestreifen und der Orangenschale servieren.

Chili-Nudeln
mit Mole-Muscheln

1. Den Knoblauch und den Ingwer fein würfeln. Das Suppengrün putzen, schälen und in sehr feine Würfel schneiden. 4 El Olivenöl in einem Topf erhitzen. Gemüse darin bei mittlerer Hitze 15 Minuten glasig dünsten. Die Tomaten grob zerstampfen, dann die Stielansätze und Hautreste entfernen. Chili Ancho zum Gemüse geben, mit Tomaten, Sahne und 100 ml Wasser auffüllen. Mit wenig Salz würzen.

2. Sugo offen bei milder Hitze 20–30 Minuten einkochen. Jakobsmuscheln aus den Schalen lösen, putzen, waschen und mit Küchenpapier trockentupfen. Muscheln kreuzweise dünn einschneiden und kalt stellen. Spaghetti in kochendem Salzwasser nach Packungsanweisung bissfest garen.

3. Die Jakobsmuscheln mit Mole würzen. Das restliche Öl in einer Pfanne erhitzen und die Muscheln darin 1–2 Minuten auf jeder Seite bei mittlerer Hitze braten. Die Spaghetti abgießen, 100 ml Nudelwasser auffangen. Nudeln und Nudelwasser zum Sugo geben. Kräftig mit Salz und Limettensaft würzen, Petersilie unterheben. Nudeln mit den Jakobsmuscheln servieren.

✱ Tipp Chili Ancho ist eine mild-scharfe Chili-Gewürzmischung, im Aroma leicht fruchtig, fast süßlich. Sie ist nur in gut sortierten Supermärkten zu finden, ansonsten aber lohnt der Weg in den Feinkosthandel oder einen mexikanischen Lebensmittelladen. Wer keinen Chili Ancho findet, kann ihn durch ein mildes Paprika- oder mildes Chilipulver ersetzen. Auch Gewürzmischungen für Chili con carne passen vom Aroma.

✱ Tipp Mole ist eigentlich eine Bezeichnung für die unterschiedlichsten Saucen vor allem der mexikanischen Küche, die gewöhnlich auf einer Chili-Gewürze-Mischung basieren. Inzwischen gibt es fertige Pulvermischungen, die das Würzen einfach machen. Die Zusammensetzung der Mischungen variiert von Hersteller zu Hersteller.

- **Einfach**
- Schnell
- **Raffiniert**
- Gut vorzubereiten

Für 4 Portionen

- 2 Knoblauchzehen
  20 g frischer Ingwer
  1 kleines Bund Suppengrün
  7 El Olivenöl
  400 g geschälte Tomaten
  2 Tl Chili Ancho (Würzmischung; ersatzweise mildes Chilipulver)
  100 ml Schlagsahne
  Salz
  8 frische Jakobsmuscheln
  320 g Spaghetti
  1–2 Tl Mole (kakaohaltiges Würzpulver)
  2–3 El Limettensaft
  2 El glatte Petersilie (fein gehackt)

- **Zubereitungszeit**
  50 Minuten

Pulpo-Sülze mit Fenchel-Vinaigrette

Für 4 Portionen

■ **Pulpo-Sülze**

1 Pulpo (1–1,2 kg, küchenfertig)
140 ml Sherry Medium dry
1 Knoblauchzehe
1 Lorbeerblatt
1 kleiner Zweig Rosmarin
2 Blatt Gelatine
4–6 El Weißweinessig
1–2 El Zitronensaft
Salz
Pfeffer

■ **Fenchel-Vinaigrette**

20 g Pinienkerne
2 Schalotten (40 g)
1 kleine Fenchelknolle mit Grün (150 g)
10 schwarze Oliven (ohne Stein)
5–6 El Weißweinessig
1–2 Tl flüssiger Honig
½ Tl abgeriebene Bio-Orangenschale
8 El Olivenöl
Salz
Pfeffer

■ **Tortilla-Fritters**

70 g Mehl
Salz
Pfeffer
100 g Zwiebeln
250 g Kartoffeln
8 El Olivenöl

■ **Zubereitungszeit**
2 Stunden (plus Kühl- und Ziehzeiten)

1. Für die Sülze den Pulpo waschen und tropfnass mit 100 ml Sherry, angedrücktem Knoblauch, Lorbeerblatt und Rosmarin kurz aufkochen. Zugedeckt bei milder Hitze im leicht kochenden Sud 1 Stunde weich garen. Nach 30 Minuten wenden. Die Gelatine in kaltem Wasser einweichen.

2. Den gegarten Pulpo in einem Sieb abtropfen lassen. Dabei 200 ml Sud abmessen und durch ein feines Küchensieb gießen. Pulpo enthäuten, Saugnäpfe abstreifen, die Arme in ca. 5 mm breite Stücke schneiden. Pulpo-Sud mit Essig und Zitronensaft aufkochen und mit Salz, Pfeffer und dem restlichen Sherry abschmecken. Von der Kochstelle nehmen und die ausgedrückte Gelatine darin auflösen. Pulpo zugeben, alles gut miteinander mischen und in eine mit Klarsichtfolie ausgelegte Form (23 x 13 cm, 4 cm hoch) füllen. Mindestens 8 Stunden, besser über Nacht, kalt stellen.

3. Für die Fenchel-Vinaigrette die Pinienkerne in einer Pfanne ohne Fett goldbraun rösten. Abkühlen lassen und grob hacken. Schalotten fein würfeln. Fenchel putzen und das Fenchelgrün abzupfen. Fenchel in feine Würfel schneiden, Fenchelgrün fein hacken. Oliven halbieren.

4. Weißweinessig mit 5 El Wasser, Honig, Orangenschale und Olivenöl verrühren. Mit Salz und Pfeffer abschmecken. Pinienkerne, Schalotten, Fenchel, Fenchelgrün und Oliven hinzufügen und unterrühren. Die Vinaigrette mindestens 30 Minuten ziehen lassen.

5. Für die Tortilla-Fritters Mehl mit 150 ml Wasser glatt rühren und kräftig mit Salz und Pfeffer abschmecken. Zwiebeln fein würfeln und dazugeben. Kartoffeln schälen und grob raspeln. Kartoffelraspel in einem Küchentuch gründlich ausdrücken und zum Teig geben. Alles gut vermengen.

6. Das Öl für die Tortilla-Fritters in einer großen beschichteten Pfanne erhitzen. Die Kartoffel-Zwiebel-Masse mit einem Esslöffel in der Pfanne zu 12 flachen Fritters formen. Diese bei mittlerer Hitze von beiden Seiten goldbraun backen. Auf Küchenpapier abtropfen lassen.

7. Pulpo-Sülze mit der Klarsichtfolie vorsichtig aus der Form stürzen. Folie entfernen und die Sülze in 1–2 cm breite Stücke schneiden. Mit der Vinaigrette und den Tortilla-Fritters servieren.

Reisnudeln mit Tintenfisch und Tomaten

1. Chili längs halbieren, Knoblauch und Ingwer schälen und alles sehr fein würfeln. Limette heiß abwaschen, trockentupfen und die Schale mit einem Zestenreißer in feinen Streifen abziehen.

2. Aus der Limette 2 El Saft auspressen. Chili, Knoblauch, Ingwer, Limettenzesten und -saft mit Zucker, Fischsauce und Sesamöl mischen und leicht mit Salz würzen. Würzsauce beiseitestellen.

3. Von den Tintenfischen die Köpfe und die Chitinstreifen innen entfernen. Die Tuben längs aufschneiden, mit kaltem Wasser gründlich auswaschen und sehr gut trockentupfen.

4. Tomaten putzen und längs halbieren. Schalotten halbieren und in feine Streifen schneiden. Sesam in einer Pfanne ohne Fett rösten. Die Nudeln nach Packungsanweisung in Salzwasser garen, abgießen und gut abtropfen lassen.

5. Die Tomaten mit den Schalotten in einer Pfanne in 3 El Olivenöl bei starker Hitze leicht andünsten, die Würzsauce dazugeben, kurz aufkochen und die Pfanne von der Kochstelle nehmen.

6. Eine weitere Pfanne bei starker Hitze sehr heiß werden lassen, das restliche Öl hineingeben, die Tintenfische hineinlegen, ca. 4 Minuten goldbraun braten, dann mit Salz würzen.

7. Nudeln mit den Tomaten mischen, eventuell noch leicht mit Salz nachwürzen. Die Tintenfische darauf verteilen, Basilikum fein schneiden und mit dem Sesam darüberstreuen.

■ Einfach　　　■ **Raffiniert**
■ Schnell　　　■ Gut vorzubereiten

Für 4 Portionen

■ ½–1 rote Chilischote
　3 Knoblauchzehen
　40 g frischer Ingwer
　1 Bio-Limette
　2 El brauner Rohrzucker
　1 El asiatische Fischsauce
　2 El dunkles Sesamöl
　Salz
　12 frische Tintenfische (à 50 g)
　500 g sehr kleine ovale Strauchtomaten
　120 g kleine Schalotten
　2 El Sesamsaat
　300 g breite Reisnudeln
　5 El Olivenöl
　8 große Basilikumblätter

■ **Zubereitungszeit**
　50 Minuten

Glossar

Ablöschen Durch das Zugießen einer Flüssigkeit, zum Beispiel Wein, Brühe oder Wasser, wird der Bratvorgang gestoppt, und das Gargut schmort oder kocht weiter. Röststoffe, die sich beim Anbraten am Topf- oder Pfannenboden gebildet haben, werden dabei gelöst und geben dann Saucen Farbe und Aroma.

Aquakulturen Die kontrollierte Aufzucht von im Wasser lebenden Organismen. Da die Nachfrage nach Fischen und Meeresfrüchten größer ist als das natürliche Angebot, sind Meere und Flüsse überfischt, also die Bestände in Gefahr. Deshalb werden Fisch und Meeresfrüchte in natürlichen und künstlichen Teichen, in Becken sowie in Netzkäfigen direkt im natürlichen Wasser gezüchtet.

Brandade Eine provenzalische Spezialität: Ein Püree aus Olivenöl oder Milch und eingeweichtem oder gedünstetem Stockbrot mit Knoblauch gewürzt, das klassisch auf geröstetem Brot als Snack gereicht wird.

Chitin Ein Polysaccharid (eine zelluloseähnliche Verbindung), das in der Schale von Krustentieren wie Krebsen und Hummer vorkommt. Das feste, widerstandsfähige Chitin ist der wichtigste Bestandteil bei vielen Gliederfüßlern (auch Insekten), da er das übrige, weiche Körpergewebe stützt und schützt.

Court-Bouillon Ein gut gewürzter Sud mit Essig oder Wein und aromaspendenden Gemüsen wie Sellerie, Möhren, Lauch, Zwiebeln sowie mit Kräutern (zum Beispiel Lorbeer, Petersilie und Thymian). Die aromatische Bouillon ist die perfekte Basis, um Fisch, Krusten- und Schalentiere, aber auch Innereien und Geflügel darin zu garen.

Fond Die perfekte Basis für Suppen und Saucen. Fisch- oder Fleischreste werden mit Gemüse oder Kräutern ausgekocht, Trübstoffe zwischendurch abgeschöpft, und zum Schluss wird der Fond durchgeseiht, damit am Ende nur die klare Essenz mit dem intensiven Aroma übrig bleibt.

Gelatine einweichen Um den Festmacher von Speisen klümpchenfrei auflösen zu können, müssen Gelatineblätter und auch Gelatinepulver zuerst in kaltem Wasser eingeweicht werden. Anschließend lässt die Gelatine sich direkt in heiße (nicht kochende!) Flüssigkeiten einrühren.

Karkassen Das Gerippe von Fisch, aber auch Geflügel sowie die Schalen von Hummer und Co. Da häufig Fleischreste daran haften, werden die Karkassen gern zum »Aromatisieren« von Suppen verwendet, außerdem sind sie die Grundlage für geschmacksintensive Fonds.

Ketakaviar Der Rogen vom im Pazifik lebenden weiblichen Keta-Lachs wird auch als Kaviarersatz bezeichnet, da er sowohl kulinarisch als auch preislich eine gute Alternative zum teuren Stör-Kaviar ist. Die leuchtend orangeroten Kugeln sind dekorativ, besonders groß und sehr empfindlich.

Miso Die japanische Antwort auf Butter oder Käse. Die braune Bohnenpaste aus fermentierten Sojabohnen kann außerdem Reis oder anderes Getreide und viel Salz enthalten und ist ein gesundes Allzweckgewürz der Japaner. Bekannt ist Miso bei uns vor allem als Suppengrundlage.

Pimpinelle Auch Steinpetersilie genannt. Pimpinelle ist ein beliebtes Frühlingskraut, denn dann hat es ein besonders mildes, frisches Aroma, das an Gurke erinnert und toll zu Fischgerichten, Kräutersuppen, Gemüse und Salaten passt und in die »Grüne Sauce« gehört.

Pochieren Eine Zubereitungsart, bei der Fisch oder andere empfindliche Lebensmittel langsam bei Siedehitze gar gezogen werden, ohne zu kochen. Entweder wird erst die Flüssigkeit zum Kochen gebracht, die Temperatur reduziert und dann das Gargut hineingeben. Oder Gargut und Flüssigkeit werden zusammen erhitzt.

Sabayon Die französische Bezeichnung für eine im Wasserbad aufgeschlagene Weinschaumcreme aus Eigelb, Zucker und Wein, die als Zabaione, dem italienischen Dessert-Klassiker, bekannt ist. Auch als Sauce lässt sich auf Basis von aufgeschlagenem Eigelb und Wein Sabayon zubereiten.

Rezeptregister

Zutatenregister

Sachregister

Impressum

Hinweis

Die Ratschläge in diesem Buch sind von Autoren und Verlag sorgfältig erwogen und geprüft, dennoch kann eine Garantie nicht übernommen werden. Eine Haftung der Autoren bzw. des Verlags und seiner Beauftragten für Personen-, Sach- und Vermögensschäden ist ausgeschlossen.

Bildnachweis

Anke Politt, Hamburg: 2, 4, 6/7, 9, 10/11 (5), 13, 14/15 (3), 16/17, 19, 20/21, 23, 24/25 (4), 27, 28/29 (8), 31, 32/33 (5), 44/45, 60/61 (2), 77, 95, 113; Jörn Rynio, Hamburg: 135; Picture Press, Hamburg: 34/35, 39, 46, 91, 102, 116, 122/123 (Maike Jessen), 40, 49, 52/23, 86/87, 104/105, 110, 115, 127, 132, 136 (Janne Peters), 57, 92, 97, 121, 128, 64 (Heino Banderob), 58, 63, 80, 41 (Anke Schütz), 73, 109 (Wolfgang Schardt), 74 (Wolfgang Kowall), 79, 98 (Stefan Thurmann), 68/69 (Carsten Eichner), 85 (Ulrike Holsten)

Titelfoto: Picture Press/Stefan Thurmann
Foodstyling Warenkunde- und Spezialseiten: Oliver Mägel, Michael Wolken
Styling Warenkunde- und Spezial-Seiten: Antje Klein
Fotoassistenz Warenkunde- und Spezialseiten: Sascha Toske

Redaktionsleitung
Susanne Kirstein

Projektleitung
Eva Wagner

Layout, DTP, Gesamtproducing
v*büro – Jan-Dirk Hansen, München

Rezepte
Versuchsküche essen & trinken

Text
Antje Klein, Daniela Karpinski, Carolin Wegener (Recherche)

Redaktion
Claudia Lenz, Essen

Korrektorat
Susanne Langer, Traunstein

Umschlaggestaltung
Atelier für Kommunikations-Design –
Thomas Dreher, München

Litho
PrePrint Produktion Zoran Dietner, München

Druck und Verarbeitung
Mohn media Mohndruck GmbH, Gütersloh

Printed in Germany

FSC
Mix
Produktgruppe aus vorbildlich
bewirtschafteten Wäldern und
anderen kontrollierten Herkünften
Zert.-Nr. SGS-COC-1425
www.fsc.org
© 1996 Forest Stewardship Council

Verlagsgruppe Random House
FSC-DEU 0100

Das für diesen Titel verwendete FSC-zertifizierte Papier *Profisilk* wurde produziert von Sappi Alfeld und geliefert durch die IGEPA

ISBN 978-3-517-08581-4

9817 2635 4453 6271